할명, 신화를 만나다

발명, 신화를 만나다

2006년 1월 2일 초판 1쇄 발행
2024년 4월 2일 초판 13쇄 발행

글쓴이	● 유다정
그린이	● 오승민
펴낸이	● 염종선
편집	● 김이구 김지선 김민경 박상육 김세희 최은영 최도연
디자인	● 김성미
펴낸곳	● (주)창비
등록	● 1986. 8. 5. 제85호
제조국	● 대한민국
주소	● 10881 경기도 파주시 회동길 184
전화	● 031-955-3333
팩스	● 031-955-3399(영업) 031-955-3400(편집)
홈페이지	● www.changbikids.com
전자우편	● enfant@changbi.com

ⓒ 유다정, 오승민 2006
ISBN 978-89-364-4546-1 73900

*이 책 내용의 일부 또는 전부를 재사용하려면 반드시 저작권자와 창비 양측의 동의를 받아야 합니다.
*책값은 뒤표지에 표시되어 있습니다. *KC마크는 이 제품이 공통안전기준에 적합하였음을 의미합니다.
*사용 연령: 5세 이상 *종이에 베이거나 긁히지 않도록 주의하세요.

발명, 신화를 만나다

유다정 글 ● 오승민 그림

창비

머리말

상상력으로 만들어진 신화에서 발명이 시작되었다!

발명과 신화는 별로 관계없는 것 같죠? 신화는 지어낸 이야기로 과학과 멀고, 특히 중요한 과학적 업적을 이루는 발명과는 상관이 없다고 생각하는 것이 보통이에요. 그러나 신화 속에서도 중요한 발명의 순간을 찾아볼 수 있답니다.

인류 최초의 발명이 뭘까요? 아마 막대기와 돌멩이일 거예요. 무기가 없는 원시인들은 맹수와의 싸움에서 살아남기 위해서 막대기와 돌멩이를 쓰기 시작했어요. 막대기와 돌멩이를 쓰는 것이 아무것도 아닌 것 같지만 당시에는 놀라운 발명이었어요. 맹수와의 싸움에서 이길 확률이 높아졌으니까요. 발명은 이렇게 필요에서 나온답니다. 어때요, 발명도 별 것 아니죠? 생활하다 불편한 것이 있으면 어떻게 해결할 수 있을까 생각해 보세요. 그럼 방법이 떠오를 거예요. 그것이 바로 발명의 시작이랍니다.

신화 속의 발명도 그렇게 시작되었어요. 안개 속을 헤쳐 나가기 위해 지남거가 발명되었고, 미로 궁전을 빠져나가기 위해 날개를 만들었고, 모든 일을 기억할 수 없어서 글자를 만들게 되었어요. 또 신들의 왕 제우스는 자신의 맹세를 지키기 위해 반지를 만들었어요. 신화 속의 발명은 이것 말고도 여러 가지가 있답니다.

사람들의 상상력으로 만들어 낸 신화에서 발명이 시작되었다는 것을 알 수 있겠지요?

그런데 불이 발명일까요? 구석기 시대의 사람들은 벼락이나 화산 폭발, 자연 발화 등으로 생겨난 불을 가져다 썼을 것이라 추측하고 있어요. 그럼 불은 발견일 거예요. 그러나 중국 신화에서 불은 발명이랍니다. 불을 그만큼 중요하게 생각했기 때문일 거예요. 그러니까 신화 속에서 찾은 발명은 실제와 같다고 할 수 없어요. 그래서 신화 뒤에 각각의 발명 역사를 쓰게 되었어요.

이 책을 보면 수천 년 전 사람들의 상상력이 세상을 바꿔 놓았음을 알 수 있을 거예요. 여러분도 상상력을 맘껏 펼쳐 보세요!

2005년 12월

유다정

차례

머리말 • 4

비행기 • 8

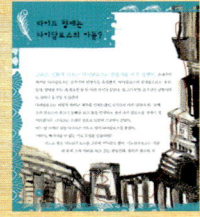

라이트 형제는 다이달로스의 아들? • 10

하늘을 나는 꿈 • 16

비행기를 처음 만든 사람은 라이트 형제일까? • 22

나침반 • 24

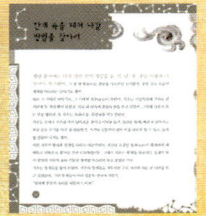

안개 속을 헤쳐 나갈 방법을 찾아서 • 26

미지의 세계로 가는 길잡이 • 32

새로운 바닷길을 찾아서 • 36

문자 • 38

자연을 보고 만든 기호 • 40

생각을 나타낸 기호 • 44

쉽고도 과학적인 글자, 한글 • 50

농사 • 52

씨앗을 갖고 논 아이 • 54

신석기 시대의 혁명 • 60

조선의 비밀! 세계 최초의 온실 • 66

비단 • 68
말가죽을 뒤집어쓴 처녀 • 70
하늘이 내린 벌레가 주는 선물 • 74
문명의 길 실크로드 • 78

 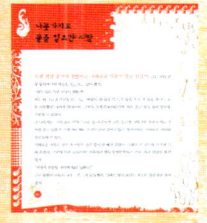

불 • 80
나뭇가지로 불을 일으킨 사람 • 82
가장 중요한 발견 • 36
불놀이 풍습 • 92

피리 • 94
갈대로 변한 시링크스 • 96
같은 원리로 나오는 저마다 다른 소리 • 100
풀피리를 부는 것도 문화재가 될 수 있을까? • 104

 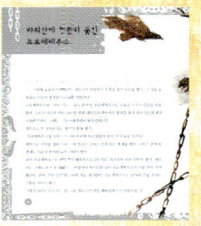

반지 • 106
바위산에 영원히 묶인 프로메테우스 • 108
시작도 끝도 없는 영원 • 112
무덤을 나온 신라 황금 • 116

 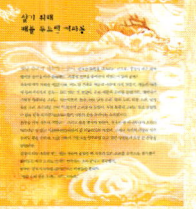

북 • 113
살기 위해 배를 두드린 저파룡 • 120
가슴을 울리는 소리 • 126
혼의 소리 사물놀이 • 130

도움 받은 책 • 132

비행기

'새처럼 하늘을 날아서 도망치는 거야!'
다이달로스는 이카로스와 같이 새의 깃털을 잔뜩 주워 모으고,
벌집에서 끈적끈적한 밀랍을 떼어 왔지.
작은 깃털은 하나하나 촘촘하게 밀랍으로 붙이고,
큰 깃털은 튼튼한 실로 꽁꽁 잡아맸어.

라이트 형제는 다이달로스의 아들?

그리스 신화에 나오는 다이달로스는 만들기를 아주 잘했어. 손재주가 뛰어난 다이달로스는 건축가와 발명가로 유명했지. 다이달로스의 발명품으로는 송곳, 도끼, 항해를 하는 데 필요한 돛 등 여러 가지가 있단다. 또 그가 만든 조각상은 금방이라도 살아서 움직일 것 같았대.

다이달로스는 이렇게 뛰어난 재주를 가졌는데도 시기심이 아주 많았나 봐. 글쎄, 조카 탈로스가 물고기 등뼈를 보고 톱을 발명하자 샘이 나서 탈로스를 성에서 떨어뜨렸거든. 그리고는 크레타 섬으로 도망쳐 그곳에서 살았어.

어느 날 크레타 섬을 다스리는 미노스 왕이 다이달로스를 불렀어.

"아무도 빠져나올 수 없는 미로 궁전을 만들어라!"

미노스 왕은 미노타우로스를 그곳에 가두려고 했어. 미노타우로스는 사람의 몸에 소의 머리를 하고 있는 괴물인데, 왕비가 황소와 사랑을

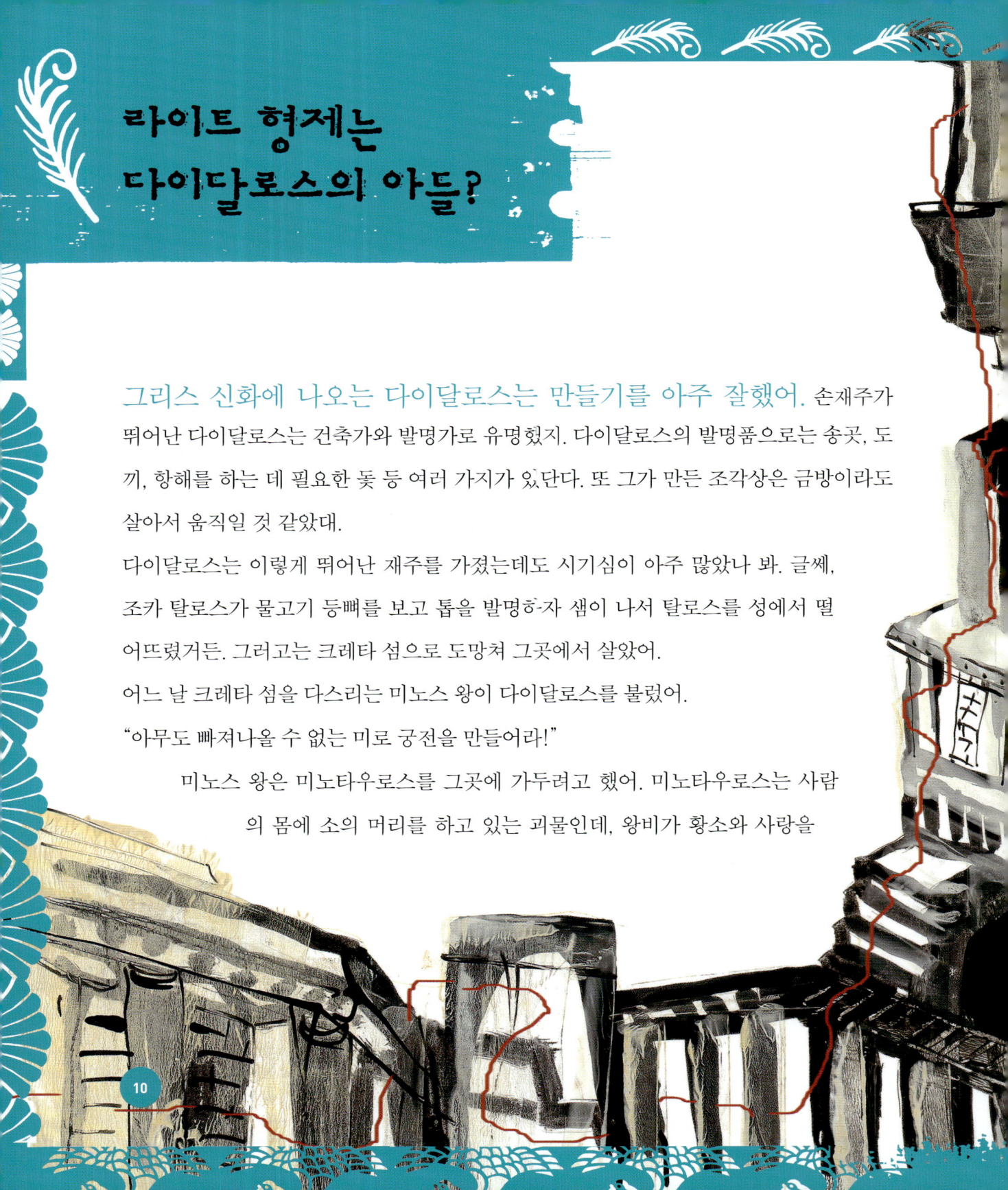

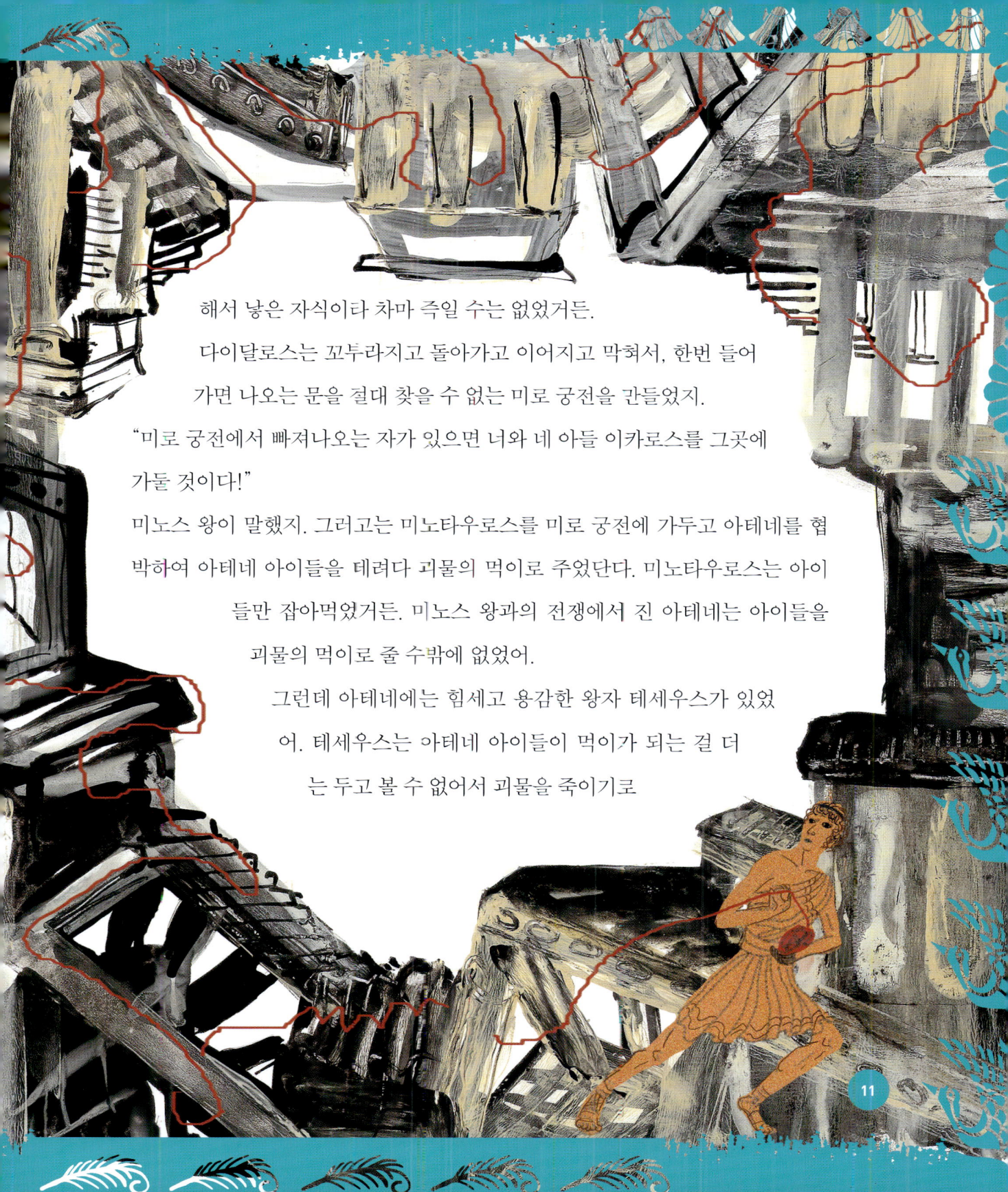

해서 낳은 자식이라 차마 죽일 수는 없었거든.

다이달로스는 꼬투라지고 돌아가고 이어지고 막혀서, 한번 들어가면 나오는 문을 절대 찾을 수 없는 미로 궁전을 만들었지.

"미로 궁전에서 빠져나오는 자가 있으면 너와 네 아들 이카로스를 그곳에 가둘 것이다!"

미노스 왕이 말했지. 그러고는 미노타우로스를 미로 궁전에 가두고 아테네를 협박하여 아테네 아이들을 데려다 괴물의 먹이로 주었단다. 미노타우로스는 아이들만 잡아먹었거든. 미노스 왕과의 전쟁에서 진 아테네는 아이들을 괴물의 먹이로 줄 수밖에 없었어.

그런데 아테네에는 힘세고 용감한 왕자 테세우스가 있었어. 테세우스는 아테네 아이들이 먹이가 되는 걸 더는 두고 볼 수 없어서 괴물을 죽이기로

마음먹었지. 그래서 괴물의 먹이로 잡혀가는 아이들 중에 자기도 끼워 달라고 졸랐단다.

그런데 말이야. 테세우스와 아이들이 크레타 섬에 도착했을 때, 미노스 왕의 딸인 아리아드네 공주가 테세우스를 보고 한눈에 반했지 뭐야.

테세우스는 미로 궁전으로 들어가야 하는 몸이니 어쩌면 좋아? 아리아드네는 다이달로스를 찾아가서 미로 궁전에서 빠져나올 수 있는 방법을 알려 달라고 간청했어.

그랬더니 다이달로스가 실타래를 주며 나오는 방법을 알려 줬어. 다이달로스가 왜 그랬냐고? 자기 지혜를 뽐내고 싶었거든.

아리아드네는 다이달로스가 준 실타래를 들고 사랑하는 테세우스를 찾아갔지.

"사랑하는 테세우스, 당신을 미로 궁전에서 빠져나올 수 있게 도와드릴게요. 이 실타래를 살살 풀면서 들어갔다가 풀린 실을 따라 나오세요."

용감한 테세우스는 아리아드네 덕분에 미로 궁전 안으로 들어가서 미노타우로스를 죽이고 무사히 빠져나왔어. 그러고는 크레타 섬에서 도망을 쳤지.

미노스 왕은 이 사실을 알고 무척 화를 내며 다이달로스와 이카로스를 잡아다 미로 궁전에 가두었어.

"내가 만든 곳에 갇히다니!"

다이달로스는 미로 궁전에서 나갈 수 있는 방법을 찾아 고민했지. 크레타를 드나드는 모든 배는 미노스 왕이 감시하고 있었기 때문에 하늘 말고는 도망칠 곳이 없었어.

어느 날 다이달로스는 하늘을 나는 새를 보고 생각했지.

'새처럼 하늘을 날아서 도망치는 거야!'

다이달로스는 이카로스와 같이 새의 깃털을 잔뜩 주워 모으고, 벌집에서 끈적끈적한 밀랍을 떼어 왔어. 그러고는 날개를 만들기 시작했어. 작은 깃털은 하나하나 촘촘하게 밀랍으로 붙이고, 큰 깃털은 튼튼한 실로 꽁꽁 잡아맸어.

드디어 날개 모양이 만들어지자 새의 날개와 똑같이 하려고 살짝 구부렸단다.

다이달로스는 아들에게 날개를 달아 주고 나는 연습을 시켰어. 이카로스는 처음에는 날갯짓 한 번 못하고 떨어졌지만 연습을 거듭하여 날 수 있게 되었단다.

"아들아, 하늘을 나는 것은 어려운 일이란다. 너무 높이 날면 태양열에 밀랍이 녹아 날개가 떨어지고, 너무 낮게 날면 바다의 습기 때문에 무거워져서 날 수가 없단다. 그러니 내 뒤만 따라오너라."

다이달로스는 이카로스를 데리고 높은 탑으로 올라가 날개를 저으며 뛰어내렸지. 아들도 아버지를 따라 했어.

이렇게 해서 다이달로스와 이카로스는 미로 궁전을 빠져나올 수 있었어. 그런데 하늘을 나는 것에 자신을 얻은 이카로스는 아버지를 지나쳐서 높이 더 높이 올라갔지 뭐야. 너무 기쁜 나머지 태양 가까이 가지 말라는 아버지 말을 까맣게 잊어버린 거지.

결국 이카로스는 태양에 아주 가까이 가게 되었어. 뜨거운 태양열에 밀랍이 녹아 내렸고, 촘촘히 붙여 놓은 깃털들이 하나하나 떨어져 나갔지.

이카로스는 몸의 균형을 잃고 아래로 아래로 떨어져 푸른 바다 속에 풍덩 빠져 버렸단다.

다이달로스는 떨어지는 이카로스를 보면서도 아무것도 해 줄 수 없었어.

다이달로스는 아들의 시체라도 찾아 묻어 주고 싶었지. 그래서

바다 위를 한참 동안 날아다녔어. 다이달로스는 이카로스의 시체를 어렵게 찾았어. 파도에 떠밀려 작은 섬 끄트머리에 있었거든.

다이달로스는 아들 이카로스를 고이 묻어 주고 울면서 그곳을 떠났단다.

하늘을 나는 꿈

"새처럼 하늘을 날 수 있다면 얼마나 좋을까."
신화 속에서 다이달로스와 이카로스가 새의 깃털로 만든 날개를 달고 하늘을 난 것처럼 사람들은 오래전부터 하늘을 날고 싶어 했다. 다이달로스처럼 몸에 날개를 달고 날 수 있으면 좋겠지만 지금까지도 그 방법으로 나는 것은 불가능하다. 그래서 사람들은 다른 물체를 이용해 나는 방법을 생각했다.

화가이자 발명가로 잘 알려진 레오나르도 다 빈치도 하늘을 날고 싶어 했고, 사람도 새처럼 하늘을 날 수 있을 것이라고 믿었다. 그래서 여러 해 동안 새의 날개 구조와 공기의 흐름, 공기 중에서 새가 어떻게 균형을 잡고 앞으로 나아가는지를 관찰하고 자세하게 기록해 놓았다. 레오나르도 다 빈치는 높은 곳에서 서서히 내려오는 낙하산, 새처럼 날갯짓을 하는 날개치기 비행기, 나사못의 원리를 이용한 하

● 레오나르도 다 빈치가 그린 하늘을 나는 기구.

늘을 나는 기구를 그림으로 그려 놓았다. 그것들을 만들어서 실험하였다는 증거가 남아 있지는 않지만 뛰어난 상상력과 통찰력에서 나온 설계도라 할 수 있다. 그래서 비행기 발명의 역사를 이야기할 때 레오나르도 다 빈치를 빼놓을 수 없다.

마법의 연기, 열기구와 수소 기구

열기구는 커다란 주머니 속에 뜨거운 공기를 채워 하늘로 떠오르게 만든 것이다. 프랑스의 발명가인 몽골피에 형제는 모닥불의 재가 연기와 함께 위로 떠오르는 것을 보고, 연기의 힘이 무거운 것을 들어 올릴 수 있다고 생각했다. 몽골피에 형제는 이런 생각을 이용해 열기구를 만들었다. 그러나 실제로 물체가 떠오르는 것은 연기 때문이라기보다는 뜨거운 공기 때문이다. 뜨거운 공기는 주변 공기보다 가벼워서 위로 올라가려는 성질이 있다.

몽골피에 형제는 1782년 작은 비단 주머니에 연기를 채워 하늘로 날려 보내는 실험을 하였다. 또한 1783년에는 천과 종이로 속이 텅 빈 커다란 주머니를 만들어 짚과

● 뜨거운 공기의 성질을 이용한 열기구.

양털을 태운 검은 연기를 넣어 날리는 실험에 성공하였다. 열기구에 양, 닭, 오리를 태운 실험에서는 8분 동안 하늘을 난 다음 안전하게 착륙하였다. 그 뒤로 사람들도 열기구를 타고 하늘을 날 수 있었다.

몽골피에와 비슷한 시기에 프랑스의 물리학자 자크 샤를도 기구를 연구하였는데, 뜨거운 공기 대신 수소 기체를 이용하였다. 수소는 공기보다 열네 배나 가벼워서 뜨겁게 데우지 않고도 주머니에 넣으면 하늘로 떠올랐다. 자크 샤를은 자신이 만든 수소 기구를 타고 두 시간 동안이나 파리 근처의 하늘을 날았다.

하늘을 나는 배, 비행선

열기구는 바람에 따라 방향이 달라져 가고 싶은 곳으로 갈 수 없었다. 그래서 사람들은 앞뒤가 뾰족한 긴 주머니에 수소를 채워 넣고, 엔진과 프로펠러를 달아 조종사가 조종할 수 있는 새로운 기구를 만들었다. 생김새가 마치 바다를 항해하는 배와 비슷해서 비행선이라는 이름이 붙었다.

프랑스의 앙리 지파르가 최초로 비행선을 만들었다. 기구 아래에 프로펠러를 돌리는 증기기관을 달아 1852년에는 비행선을 타

● 긴 주머니에 수소를 채워 넣은 비행선.

고 27킬로미터쯤 날았다. 그러나 비행선은 아주 느리게 움직였고, 강한 바람을 만나면 떠밀릴 수밖에 없었다.

날개를 단 글라이더

사람들은 기체를 가득 채운 느린 기구를 타기보다는 새처럼 날기를 원했다. 그래서 새가 어떻게 나는지 연구를 계속하였다. 영국의 조지 케일리는 새의 날개가 평평하지 않고 볼록한 것에서 아이디어를 얻어 글라이더를 발명하였다.

글라이더의 날개 위쪽에 있는 공기는 볼록한 부분을 타고 아래쪽으로 꺾여 흘러 속도가 빨라지고 압력이 낮아진다. 그렇기 때문에 날개 아래쪽의 공기는 위쪽보다 압력이 높다. 그래서 날개를 위로 밀어 올리는 힘이 생기게 된다. 글라이더는 이 힘으로 떠오를 수 있는 것이다. 조지 케일리는 자신이 만든 글라이더에 어린 소년을 태워 날게 하였다.

독일의 오토 릴리엔탈은 열세 살부터 비행 실험을 시작하였다. 어릴 때부터 동생과 함

● 새의 날개를 본떠 만든 글라이더.

께 황새를 관찰했던 그는 새가 어떻게 나는지 연구하고 새의 날개 모양을 본떠 글라이더를 만들었다. 오토 릴리엔탈은 자신이 만든 글라이더를 타고 2천 번 이상 비행하는 데 성공하였다. 하지만 어느 날 비행을 하던 중 갑작스러운 돌풍이 불어 떨어져 죽는 안타까운 일이 일어났다.

동력 비행, 비행기

글라이더는 아래에서 위로 날아오르는 힘이 없기 때문에 높은 곳에서 뛰어내려야 날 수 있다. 또한 오랫동안 하늘을 날 수도 없다. 사람들은 새로운 방법을 연구하였고, 글라이더에 프로펠러와 엔진을 달게 되었다. 이것이 바로 비행기다.

라이트 형제는 오토 릴리엔탈이 비행에 관해 남긴 기록들을 읽으며 좀 더 개발하면 자유롭게 하늘을 날 수 있을 것이라고 생각했다. 라이트 형제는 연을 만들어 날리며 어떻게 조종하면 좋을지 아이디어를 얻었고, 글라이더를 만들어 시험하며 조종 기술을 익

혀 나갔다. 그리고 드디어 글라이더에 프로펠러와 엔진을 달았다. 이것이 최초의 비행기 '플라이어 1호'이다. 라이트 형제는 1903년 플라이어 1호를 타고 하늘을 날았다. 플라이어 1호는 첫 비행에서

● 프로펠러와 엔진을 단 비행기.

12초 동안 36미터를 날았다. 이것이 세계 최초의 엔진을 이용한 동력 비행이었다.

요즘 우리가 타는 비행기는 라이트 형제가 만든 플라이어 1호와는 비교할 수 없을 만큼 발전하였다. 이제는 36미터가 아니라 아시아 아프리카, 유럽 등 아주 먼 나라까지 갈 수 있다. 또 소리보다 빠른 비행기를 만들어 냈고, 지구 밖까지 갈 수 있는 우주선도 나왔다.

미래에는 집집마다 우주 비행기가 한 대씩 있을지도 모르고 다이달로스처럼 사람들이 몸에 날개를 달고 날 수 있을지도 모른다. 레오나르도 다 빈치가 그린 설계도들이 헛된 것이 아니었듯이, 우리가 지금 꿈꾸는 일이 언젠가는 이루어질 수도 있으니까.

비행기를 처음 만든 사람은 라이트 형제일까?

외국 사람만 하늘을 날고 싶은 꿈이 있었던 것일까? 레오나르도 다 빈치부터 라이트 형제까지 비행기 발명의 역사를 보면 이런 의문이 들 것이다. 널리 알려지지 않았지만 우리나라에도 이들 못지않은 사람이 있었다. 바로 조선 시대에 살았던 발명가 정평구(鄭平九)인데 '비거'를 만들어 하늘을 날았다고 한다.

'비거'는 날 비(飛) 수레 거(車), 그러니까 하늘을 나는 수레라는 뜻이다. 라이트 형제보다 무려 3백여 년이나 앞선 1592년의 일이다.

비거는 어떻게 생겼을까? 조선 후기 실학자인 이규경이 쓴 『오주연문장전산고(伍洲衍文長箋散稿)』라는 책의 설명에 따르면, 비거는 '따오기'라는 새처럼 생겼고 몸체와 날개, 머리, 꼬리 부분으로 되어 있다고 한다. 몸체와 날개는 모두 가죽이고 줄로 이어져 있다. 안쪽에는 사람 네 명이 탈 수 있는 틀이 있어서, 틀에 앉아 자벌레처럼 몸을 굽혔다 폈다 해서 바람을 내면 날개가 아래위로 움직이며 날게 된다. 바람을 일으키기 위해 풀무를 이용했는데 이 점이 글라이더와는 다르다. 풀무는 불을 피울 때 바람을 내는 장치로 대장간에서 많이 사용했다.

정평구는 비거를 이용하여 1592년 임진왜란 때 경상도의 한 성에 갇혀 있던 장수를 탈출시켰다. 그런데 아쉽게도 이런 훌륭한 발명품은 금세 잊혀졌다. 왜냐하면 정평구가 전쟁 중에 죽었고 또 당시에는 하늘을 나는 기계가 있다는 것을 쉽게 믿으려 하지 않았기 때문이다. 비거에 대해 진주 사람들이 조정에 상소를 올렸지만 받아들여지지 않았다. 그래서인지 비거의 설계도나 원리에 대해 자세히 써 놓은 책은 남아 있지 않다.
최근에 생김새에 대한 설명만 가지고 비거를 만들어 실험했는데, 20미터 높이에서 70미터를 날았다. 만약 풀무를 이용한 동력 장치에 대한 구체적인 기록이 있었다면 더 멀리 날 수 있지 않았을까?
비거의 동력 장치는 어떻게 만들어졌을까? 1592년 하늘을 날았던 비거에 대한 구체적인 자료를 찾아내 이론적으로 완벽하게 증명할 날이 빨리 왔으면 좋겠다.

그러면 비행기 발명의 역사가 이렇게 바뀔 것이다.
"1592년 조선의 정평구가 세계 최초로 하늘을 나는 비행기 비거를 발명하였다."

- ↑ 건국대 연구팀에서 복원한 비거의 모습.
- ← 복원한 비거로 시험 비행을 하는 모습.

나침반

'북두칠성처럼 항상 같은 방향을 가리키는 장치만 있다면
한 방향으로 나아갈 수 있겠지.
그럼, 안개 속을 맴돌지 않고 빠져나갈 수 있을 텐데……'

안개 속을 헤쳐 나갈 방법을 찾아서

옛날 중국에는 다섯 명의 신이 세상을 동, 서, 남, 북, 중앙 이렇게 나누어서 다스렸어. 그중 황제(黃帝)는 중앙을 다스리던 신이었지. 중앙 신은 신들의 세계를 다스리는 신이기도 했어.

바로 그 시대의 이야기야. 그 시대에 치우(蚩尤)가 살았어. 치우는 거인족인데 구리로 된 머리에 두 개의 뿔이 달렸고, 쇠로 된 이마에 동물의 몸을 하고 있었어. 그런데 사람이 하는 말을 했단다. 또 치우는 모래나 돌, 쇳덩이를 먹고 살았어.

치우는 산에서 구리를 캐서 날카로운 창이나 커다란 도끼, 튼튼한 방패, 빠르게 날아가는 화살 같은 무기를 아주 잘 만들었지. 거기다 신통력이 있어 비를 내리게 할 수 있고, 안개를 만들어 내기도 했어.

이런 치우가 황제와 전쟁을 하려고 마음먹었어. 자신의 조상인 염제(炎帝)가 황제에게 패배하고 남쪽으로 쫓겨난 것이 안타까웠거든. 그래서 치우는 황제를 물리치고 염제가 다시 중앙의 자리에 올라 신들의 세계를 다스리게 하고 싶었던 거야.

치우는 형제들을 불러 모았어. 치우의 형제들도 치우처럼 구리 머리에 쇠로 된 이마를 하고 있었단다. 그런 형제들이 무려 일흔두 명이나 되었지.

"염제께 중앙의 자리를 되찾아 드리자!"

"그럽시다. 인자하신 염제가 중앙의 자리에 있는 것이 마땅합니다!"

용맹스런 치우의 형제들도 모두 그러자고 했지.

치우는 바람의 신 풍백, 비의 신 우사, 거인인 과보족, 산도깨비 이매와 물도깨비 망량 등 남방의 늪지대와 숲속에 사는 요괴들을 불러 모았어.

"자비로운 염제를 위해 황제와 전쟁을 할 것이다. 그러니 모두 나를 도와 다오!"

"우리도 황제가 맘에 안 듭니다. 도와 드리고말고요."

군사들이 모이자 치우는 형제들에게 창과 방패, 그리고 빠르게 날아가는 화살을 나눠 주었단다.

"자! 떠나자. 염제의 이름을 걸고 황제를 물리쳐라!"

용감한 치우의 군대는 함성을 지르며 황제가 있는 곳으로 갔어.

"저놈들을 모두 죽여라!"

치우의 군대를 보고 황제는 자기 신하들에게 소리쳤지. 마침내 황제와 치우의 전쟁이 시작된 거야.

황제의 신하로는 사방의 귀신들과 곰, 그리고 호랑이를 비롯한 온갖 맹수들이 있었어. 황

제와 치우의 싸움은 정말 치열했단다. 몇날 며칠을 싸워도 쉽게 끝날 것 같지 않았어.

그렇게 막상막하의 싸움이 계속되던 어느 날, 사방에 안개가 자욱하게 끼더니 황제의 군대를 첩첩이 에워싸는 거야. 치우가 재주를 부려 안개를 일으킨 거야.

황제의 군사들은 안개 속에서 길을 잃고 헤매었지. 이 틈을 타 치우의 군대는 안개 속에서 나타났다 사라졌다 하며 공격했어.

"적을 무찔러라! 공격하라!"

황제는 전차 위에서 칼을 들고 소리쳤어. 그런데 아무리 애써도 앞으로 나아갈 수가 없는 거야. 한나절을 헤쳐 나가도 깊고 깊은 안개뿐이었어.

황제가 안개 속을 어떻게 빠져나갈까 걱정하고 있는데, 지혜로운 신하 풍후가 오더니 말하는 거야.

"북두칠성 같은 것이 있다면 방향을 찾을 수 있을 텐데……."

"어서 방법을 찾아보아라!"

'북두칠성의 국자 모양 손잡이는 왜 늘 북쪽을 가리키는 것일까? 어떻게 돌려놓더라도 북두칠성처럼 항상 같은 방향을 가리키는 장치만 있다면 한 방향으로 나아갈 수 있겠지.

그럼, 안개 속을 맴돌지 않고 빠져나갈 수 있을 텐데……. 어떻게 그것을 만들 수 있을까?'

풍후는 생각하고 또 생각하여 마침내 수레 하나를 만들어 냈어.

수레의 맨 앞에 쇠로 사람을 만들어 세워 놓았는데, 수레를 끌고 이리 가고 저리 가도 쇠로 만든 사람의 손은 항상 한쪽 방향만 가리켰어. 이리 가면 "여기가 남쪽이오.", 저리 가도 "여기가 남쪽이오." 이렇게 말하는 것 같았지.

풍후는 그 수레를 '남쪽을 가리키는 수레'라는 뜻으로 지남거(指南車)라고 이름 지었지.

황제의 군대는 풍후가 만든 지남거를 이용하여 안개 속을 헤쳐 나왔단다.

미지의 세계로 가는 길잡이

낯선 곳에서 길을 잃어버리면 어떻게 할까? GPS(지피에스, 인공위성항법장치) 수신기를 가지고 있다면 걱정하지 않아도 된다. 인공위성에서 보내는 전파를 이용해 자기 위치를 정확히 알 수 있기 때문이다. 이 장치를 자동차에 달면 낯선 곳에서도 헤매지 않고 가고 싶은 곳을 찾아갈 수 있고, 휴대전화에 달면 전화로도 위치를 알아낼 수 있다.

이렇게 요즘은 자기가 있는 위치를 알아내고, 목적지를 찾아가는 일이 어렵지 않다. 그러나 옛날에는 그렇지 않았다. 옛날 사람들은 낮에는 해가 뜨고 지는 것을 보고, 밤에는 북극성을 보고 방향을 알았다. 북극성은 일 년 내내 언제나 북쪽 하늘에 떠 있기 때문에 방향을 가늠하는 기준이 되었다.

그러나 날씨가 흐린 날은 해나 별을 볼 수 없어 길을 잃고 헤매기도 했다. 또 바다를 항해하는 선원들은 며칠씩 바다를 떠돌다가 목숨을 잃기도 하였다.

"어떻게 하면 길을 잃지 않고 가고 싶은 곳으로 갈 수 있을까?"

● 지구의 북극은 S극, 남극은 N극의 성질을 띤다.

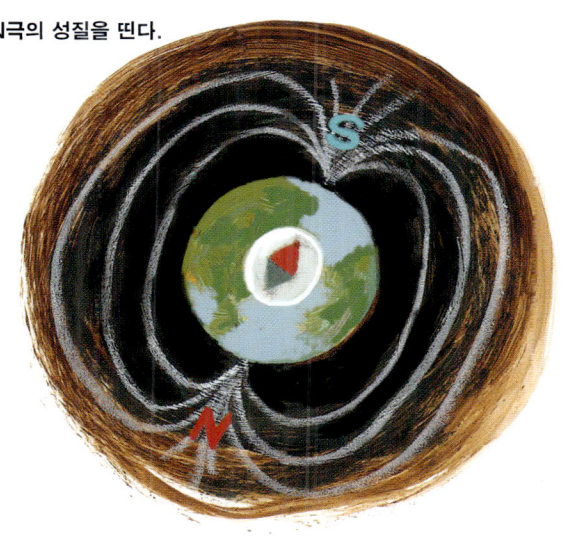

● 자석은 특별한 성질을 가진 돌이다.

● 자석은 같은 극은 밀어내고 다른 극은 당긴다.

중국 신화에서 황제의 신하가 만든 '지남거'처럼 늘 한쪽을 가리키는 도구가 있다면 안개가 끼거나 날씨가 흐려도 방향을 알 수 있을 것이다. 이런 원리로 만들어진 도구가 바로 나침반이다.

나침반은 바닥에 동서남북 방위가 표시되어 있고 자침(자석의 성질을 지닌 바늘)이 그 위에서 자유롭게 돌 수 있게 되어 있다. 나침반의 자침은 어디서든 남과 북을 가리키는데, 이는 지구가 하나의 큰 자석이기 때문이다. 자석은 N극과 S극으로 되어 있으며, 같은 극끼리는 밀어내고 다른 극끼리는 당기는 성질이 있다. 큰 자석인 지구의 북극은 S극, 남극은 N극의 성질을 띤다. 따라서 나침반 자침에서 N극을 띠는 부분은 북쪽을 가리키고, S극을 띠는 부분은 남쪽을 가리킨다.

중국 사람들은 옛날부터 자석의 성질을 알았고, 기원전 3세기 무렵에는 자석이 일정한 방향을 가리킨다는 사실도 알았다. 하지만 이런 원리가 바로 항해나 길 찾기에 이용되지는 않았다. 자석을 국자 모양으로 만들어 네모난 판에서 돌리는 '사남(司南)'을 만들어 점을 치거나 집과 무덤의 자리를 찾는 데 썼다.

● 자침을 짚 위에 놓고 물에 띄워 방향을 찾는 초기 나침반.

중국 사람들은 11세기부터 나침반을 항해에 사용하기 시작했다. 당시 중국은 배를 이용하여 페르시아 만까지 오가며 교역을 하고 있었는데, 배에는 항상 나침반이 있었다. 그래서 자연스럽게 페르시아 만에서 중국을 오가는 아라비아 상인들을 통해 유럽에 나침반이 전해졌다. 12세기 무렵에는 나침반이 유럽 전체로 퍼지게 되었다.

유럽의 나침반은 자석의 성질을 가진 바늘을 지푸라기 위에 놓고 물에 띄워 방향을 찾는 구조로 시작되었다. 나중에는 자침이 더 자유롭게 돌아갈 수 있게 만들었고, 방향을 표시한 판에 자침을 올려놓고 사용하였다. 자침이 덜 흔들리고 수평을 유지할 수 있도록 하는 장치도 개발하였다.

나침반은 주로 항해에 쓰이다가 비행기가 발명되자 비행에도 사용되었다. 요즘은 나침반의 역할을 대신하는 여러 기기가 발명되어 나침반의 쓰임이 줄어들고 있다. 하지만 나침반은 바다를 항해하는 선원들이나

● 점을 칠 때 사용한 국자 모양의 자석.

미지의 세계를 탐험하는 탐험가에게는 생명을 지켜주는 소중한 것이었고, 지금도 탐사 여행을 할 때나 건축물을 지을 때 방향을 잡는 도구로 편리하게 쓰이고 있다.

생각해 보면 나침반은 아주 간단한 원리로 만들 수 있다. 하지만 발명되어 실제로 사용하기까지에는 오랜 시간이 걸렸다. 지금도 우리 주변을 잘 살피고 생각을 넓히면 간단한 원리로도 새로운 발명품들을 만들 수 있을 것이다.

● **나침반이 달린 휴대용 해시계.**

● **지금도 나침반은 여행이나 건축에 쓰이고 있다.**

 새로운 바닷길을 찾아서

나침반은 방향을 알려 주는 아주 작은 도구지만 세계 역사를 바꿀 만큼 그 영향력이 컸다. 1492년 콜럼버스가 아메리카 대륙에 닿을 수 있었던 것도 중국에서 전해진 나침반 덕분이었다. 배를 만드는 기술이나 항해 지도도 중요한 역할을 했지만, 나침반이 길잡이 구실을 해 주었기 때문에 콜럼버스는 아메리카 대륙을 발견할 수 있었다.

콜럼버스가 살던 당시, 유럽 사람들은 동양에서 들여오는 향신료나 도자기, 비단에 마음을 빼앗겼다. 특히 인도에서 들여오는 후추나 계피 같은 향신료는 고기를 썩지 않게 하기 위해 꼭 필요한 것이었지만 값이 무척 비쌌다. 이탈리아 상인들이 인도로 오가는 바닷길을 장악하고는, 동양에서 들여오는 물건을 비싼 값에 유럽에 되팔았기 때문이다. 그래서 유럽의 다른 나라들은 이탈리아를 거치지 않고 동양으로 갈 수 있는 바닷길을 찾아 나서게 되었다.

콜럼버스도 그중 한 사람이었는데, 에스파냐 이사벨 여왕의 지원을 받아 인도로 갈 수 있는 새 항로를 찾아 떠났다. 콜럼버스는 1492년 8월 항해를 시작해 대서양을 건너 70일 만에 어떤 곳에 도착하였다. 그곳은 인도가 아니라 유럽 사람들이 전혀 알지 못하던 새로운 땅이었지만 콜럼버스는 죽을 때까지 그곳이 인도의 일부라고 생각했다.

콜럼버스가 죽고 난 뒤 지리학자 아메리고 베스푸치는 콜럼버스가 발견했던 곳을 탐험하고, 인도가 아닌 미지의 땅임을 알았다. 그는 탐험기를 지어 알려지지 않은 땅에 대해 자세히 소개했다. 그 뒤로 신대륙은 그의 이름을 따서 '아메리카'라 불리게 되었다.

콜럼버스의 항해 이후 많은 탐험가들이 새로운 대륙을 탐험하고, 그곳에 후추는 없지만 황금이 가득하다고 널리 알려지면서 유럽은 큰 변화를 겪었다. 유럽 사람들은 황금의 땅을 찾아 앞 다투어 신대륙으로 들어와 그곳을 식민지로 만들었다. 평화롭게 살던 아메리카의 원주민들은 유럽 사람들에게 죽거나 노예가 되어 살아야 했다.

콜럼버스의 신대륙 발견이 유럽 사람들에겐 풍요를 가져다주었지만 그곳에 살던 원주민들에게는 엄청난 상처의 역사로 남았다.

● 콜럼버스의 신대륙 발견을 그린 테오도르 드 브리의 동판화.

以右卯永
外且叶瓦刊
兄穴玄　古功
左冊　皿仕亻
失　土囚收氵
正生斥召仙占
旦　氵田奴

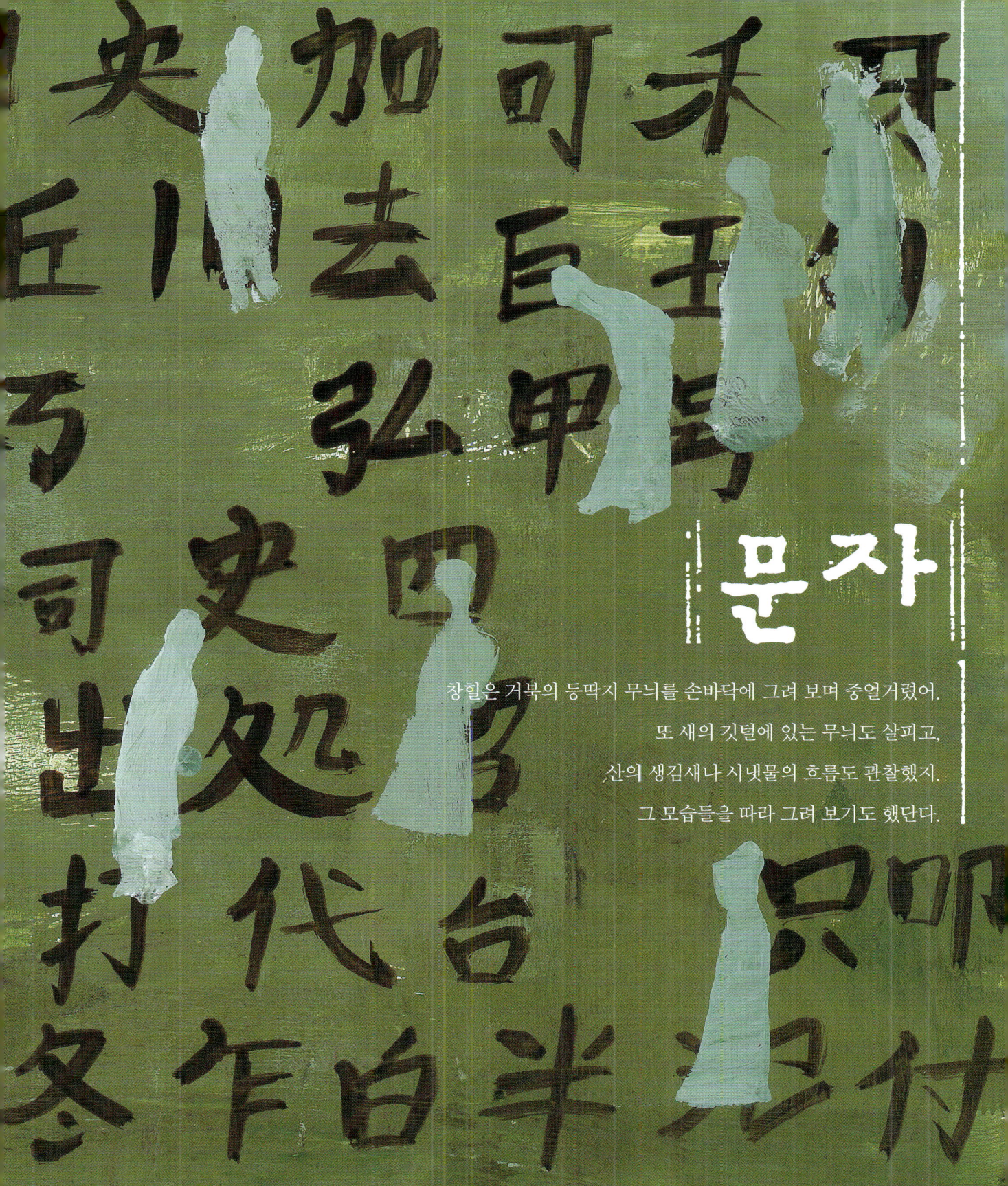

문자

창힐은 거북의 등딱지 무늬를 손바닥에 그려 보며 중얼거렸어.
또 새의 깃털에 있는 무늬도 살피고,
산의 생김새나 시냇물의 흐름도 관찰했지.
그 모습들을 따라 그려 보기도 했단다.

자연을 보고 만든 기호

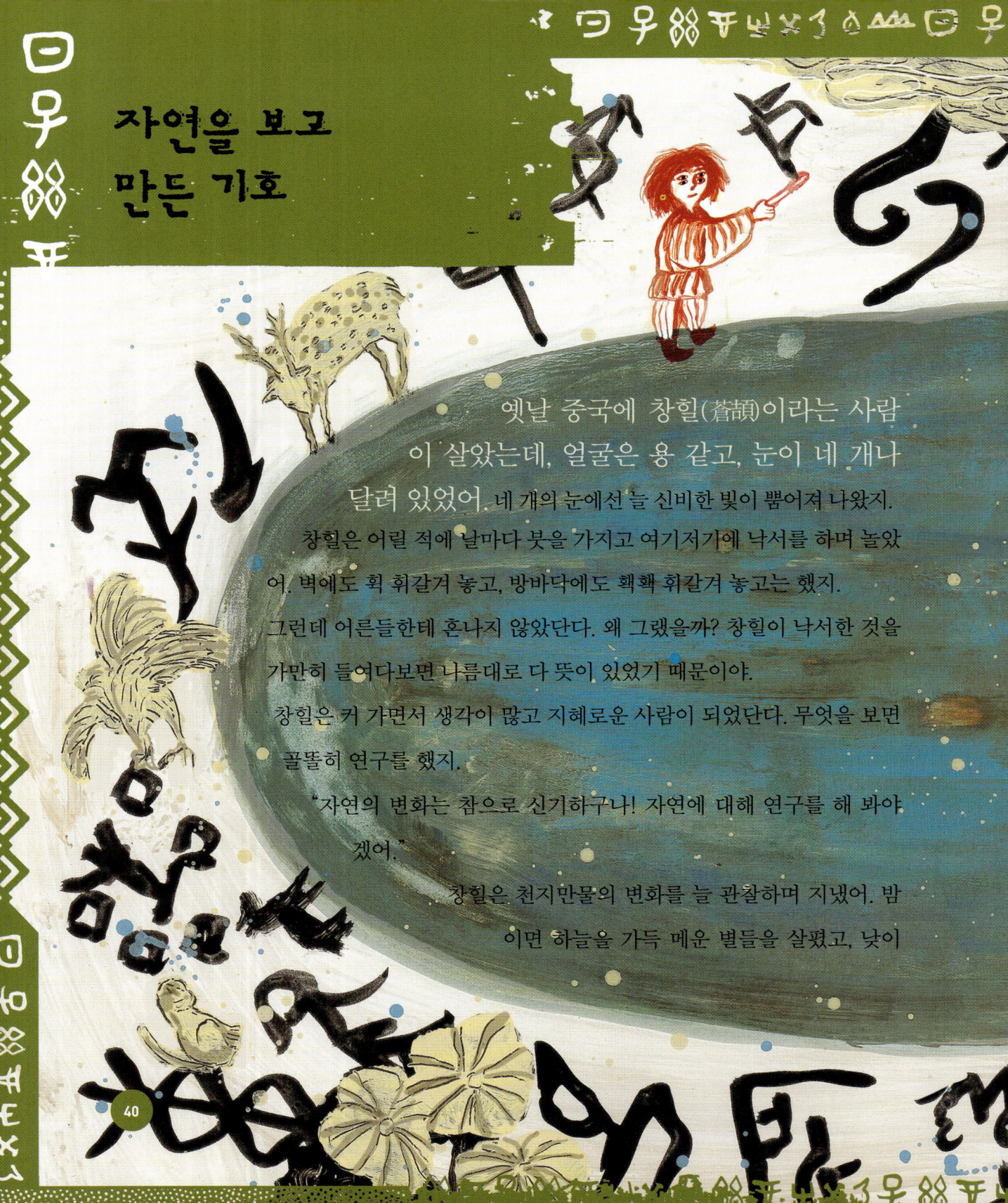

옛날 중국에 창힐(蒼頡)이라는 사람이 살았는데, 얼굴은 용 같고, 눈이 네 개나 달려 있었어. 네 개의 눈에선 늘 신비한 빛이 뿜어져 나왔지.

창힐은 어릴 적에 날마다 붓을 가지고 여기저기에 낙서를 하며 놀았어. 벽에도 휙 휘갈겨 놓고, 방바닥에도 휙휙 휘갈겨 놓고는 했지. 그런데 어른들한테 혼나지 않았단다. 왜 그랬을까? 창힐이 낙서한 것을 가만히 들여다보면 나름대로 다 뜻이 있었기 때문이야.

창힐은 커 가면서 생각이 많고 지혜로운 사람이 되었단다. 무엇을 보면 골똘히 연구를 했지.

"자연의 변화는 참으로 신기하구나! 자연에 대해 연구를 해 봐야겠어."

창힐은 천지만물의 변화를 늘 관찰하며 지냈어. 밤이면 하늘을 가득 메운 별들을 살폈고, 낮이

되면 땅 위의 모든 것을 살폈어.
"거북의 등딱지는 이렇게 생겼네!"
창힐은 거북의 등딱지 무늬를 손바닥에 그려 보며 중얼거렸어. 또 새의 깃털에 있는 무늬도 살피고, 산의 생김새나 시냇물의 흐름도 관찰했지. 그 모습들을 따라 그려 보기도 했단다.
어느 날 창힐은 산속을 걷다가 좋은 생각이 떠올랐지.
"그래, 그거야!"
창힐은 새의 발자국, 해와 달, 동물들, 산과 바다, 물고기, 나무와 풀, 수레와 문, 시냇물, 산 등 대자연과 세상의 모습을 보고 우주 만물을 나타내는 기호를 만들어 냈어.
그것이 바로 문자란다.
창힐이 문자를 만들어 내자 하늘과 궁이 다 놀랐나 봐.
갑자기 하늘에선 좁쌀이 빗방울처럼 쏟아져 내렸

고 또 귀신들은 한밤중에 엉엉 울었다는구나.

그런데 왜 좁쌀비가 내렸느냐고?

'문자가 생겼으니 사람들이 농사일은 안하고 글자를 새기는 일에만 정신을 쏟을 테니 먹을 것이 없겠지? 그럼, 모두 굶어 죽고 말 거야.'

하늘을 다스리는 신은 사람들이 굶어 죽을까 봐 걱정이 되었어. 그래서 미리 곡식을

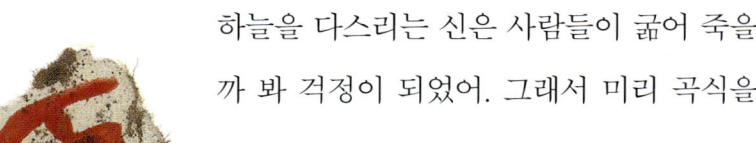

내려 준 거야. 그럼, 귀신은 왜 울었을까? 귀신들은 사람들이 문자를 이용해서 자신들의 잘못을 일일이 알고 죄를 물을 것이라고 생각했지. 귀신들은 잘못한 게 무척 많았나 봐. 그러니 얼마나 겁나겠어? 그래서 엉엉 울었단다.

창힐은 글자를 만들고 하루 종일 글자 새기는 일만 했어. 이 바위 저 바위 바위란 바위엔 모두 글자를 새겼지.

창힐은 산에 있는 모든 바위에 글자를 새기고 나서 마을로 내려왔어.

마을에선 사람들을 모아 놓고 자신이 만든 글자를 가르치며 살았다는구나.

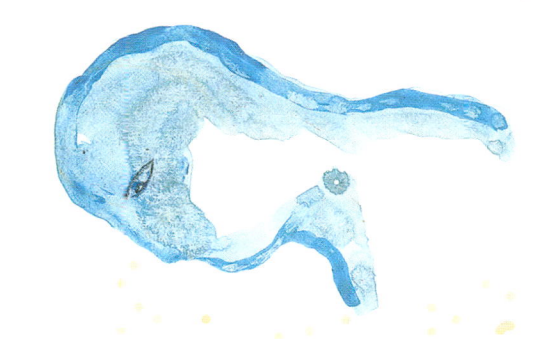

생각을 나타낸 기호

문자가 없던 아주 먼 옛날에는 자신의 생각을 말과 몸짓으로 알려야 했다. 그런데 말과 몸짓은 멀리까지 전달할 수 없고, 그 순간이 지나면 사라져 들을 수도 볼 수도 없다. 이런 시간과 공간의 제약에서 벗어나 무언가를 잊지 않고 기록하기 위해 문자가 발명되었다.

문자가 생기기 전에는 조개껍데기나 돌멩이, 늑대의 뼈 등을 이용해 가축의 수나 곡식의 양을 표시하는 정도였다. 그러나 한 곳에 더 많은 사람들이 모여 살고 물건을 사고팔면서 정확한 계산을 하기 위한 방법들이 생겨났다. 밧줄과 끈으로 매듭을 만들어 기록하거나, 가축의 수 등을 적어 넣어 진흙 항아리 속에 넣어 두는 점토판과 같

● 문자가 없던 시절에는 조개껍데기, 돌멩이, 동물의 뼈, 밧줄과 끈, 물표 등을 이용해 가축의 수나 곡식의 양을 기록했다.

은 물표(토큰)를 만들어 쓰기도 했다.

신화 속에서 창힐이 자연의 모양을 본떠 글자를 만들었듯이 문자는 사물의 모양을 따라 그린 그림에서 시작되었다. 이런 그림들이 사람들 사이에서 약속으로 굳어지면서 문자도 발달하게 되었다. 이렇게 탄생한 그림문자는 선사 시대의 벽화와는 다르다. 소를 나타내고자 할 때 벽화에서는 소의 모습 전체를 그림으로 그렸지만, 그림문자는 소의 간단한 특징을 살려서 나타냈다.

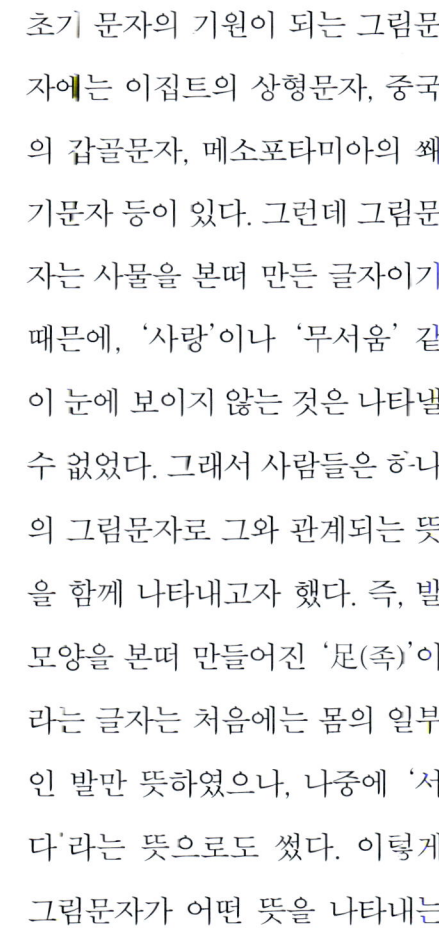

초기 문자의 기원이 되는 그림문자에는 이집트의 상형문자, 중국의 갑골문자, 메소포타미아의 쐐기문자 등이 있다. 그런데 그림문자는 사물을 본떠 만든 글자이기 때문에, '사랑'이나 '무서움' 같이 눈에 보이지 않는 것은 나타낼 수 없었다. 그래서 사람들은 하나의 그림문자로 그와 관계되는 뜻을 함께 나타내고자 했다. 즉, 발 모양을 본떠 만들어진 '足(족)'이라는 글자는 처음에는 몸의 일부인 발만 뜻하였으나, 나중에 '서다'라는 뜻으로도 썼다. 이렇게 그림문자가 어떤 뜻을 나타내는 표의문자(뜻글자)로 발전한 것이다. 그런데 이렇게 여러 의미를 하나의 문자로 쓰게 되자, 뜻이 잘못 전달되기도 하였다.

몇몇 그림문자들은 본래의 뜻과는 상관없이 소리를 나타내기 위해서도 사용되었다. 예를 들어 새 모양의 문자가 이제 새를 뜻하지 않고, 어떤 소리를 나타내는 기호가 된 것이다. 이렇게 뜻을 나타내는 표의문자에서 소리를 나타내는 표음문자(소리글자)로 변화해 가기도 했다.

표의문자는 글자마다 뜻이 달라 각각의 뜻을 다 표현하려면 수많은 글자를 알아야 한다. 중국의 한자(漢字)는 대표적인 표의문자인데 중국 사람들은 읽고 쓰기 위해 아주 많은 글자를 외워야 한다. 이에 비해 소리를 나타내는 표음문자는 몇십 개의 단위 글자를 결합해 모든 것을 표현할 수 있다.

표음문자가 생기자, 많은 문자를 외워야 하는 어려움에서 벗어나 쉽게 익혀 읽고 쓸 수 있게 되었다. 우리나라의 한글, 서양의 알파벳, 일본의 가나 등이 대표적인 표음문자이다.

- ↑ 두 글자가 합쳐져서 새로운 글자가 만들어진다.
- ↓ 표의문자는 소리가 같아도 글자마다 뜻이 다 다르다.

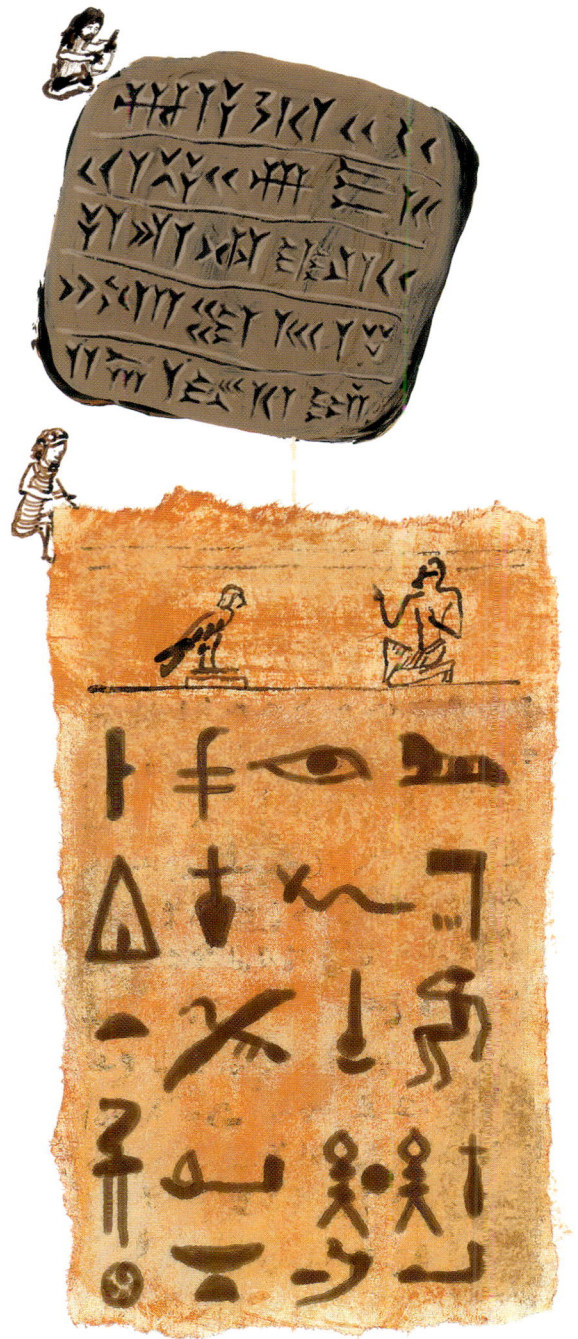

메소포타미아 쐐기문자

쐐기문자는 기원전 3천 년 무렵부터 쓰였는데, 메소포타미아 지역에 살았던 수메르 사람들이 만든 문자로 설형문자라고도 한다. 수메르 사람들은 갈대나 막대기로 점토판에 사물을 그려서 기록을 남겼다.
이때 동그라미나 곡선은 점토판에 그리기가 어려웠다. 그래서 좀 더 쉽고 편리한 방법을 찾다가 곡선이 없는 쐐기 모양으로 글자를 쓰게 되었다고 한다.

이집트 상형문자

이집트 사람들은 토트 신이 문자를 발명한 뒤 인간에게 선물로 주었다고 믿었다. 신전의 벽이나 무덤 안 등 신성한 곳에 새겨진 문자는 중요한 의미를 담고 있다고 하여 '신성문자'라고 불렀다. 이집트 사람들은 역사나 왕들의 계보, 전쟁 등 중요한 사건을 문자로 기록했다. 이집트의 상형문자는 어렵고 복잡해서 문자를 배우고 익힌 사람

● ↑ 점토판에 쓴 쐐기문자.
● ↓ 파피루스에 쓴 이집트 상형문자.

이 적었다. 그래서 글을 읽고 쓰는 일을 하는 서기관이 따로 있었는데 서기관들은 파피루스 두루마리에 상형문자로 기록을 했다. 파피루스 두루마리는 강 주변에 자라는 풀인 파피루스 줄기의 껍질을 벗겨 흰 속을 가늘게 찢은 다음 몇 개씩 엮어서 만든 것이다.

중국의 갑골문자

옛날 중국 은나라에서는 거북의 등껍질이나 소의 넓적다리뼈에 글자를 새겼는데, 이것을 갑골문자라 한다. 주로 앞날을 예언하기 위해 점을 친 내용을 적어 놓았다. 갑골문자는 중국 최초의 문자로 이 글자가 발달하여 오늘날의 한자가 되었다.

알파벳

문자의 역사에서 알파벳의 발명은 놀랄 만한 일이었다. 메소포타미아의 쐐기문자는 1천여 글자라 알려져 있고, 이집트의 상형문자는 7백여 자를 알아야 하고, 중국의 한자는 그보다 더 많은 글자를 익혀야 글을 읽고 쓸 수 있었다. 그러나 알파벳은 30여 개의 기호만 알면 글을 읽고 쓸 수 있기 때문이다.

알파벳은 3천 년 전에 지중해를 건너 그리스, 이탈리아, 북아프리카, 에스파냐까지 진출했던 페니키아 사람들이 처음 사용했다. 최초의 알파벳은 22개의 글자로 되어 있었으나 지금은 26개의 글자

● 세계 여러 나라 사람들은 다양한 문자를 쓰고 있다.

를 사용한다.

중국 신화를 보면 창힐이 문자를 만들어 내자 하늘에선 좁쌀이 빗방울처럼 쏟아져 내리고 귀신들은 엉엉 울었다고 한다. 그 정도로 문자의 발명은 획기적인 일이었다. 시간과 공간을 뛰어넘어 지식과 생각을 전할 수 있는 문자 덕분에 인류는 문명사회로 나아가 빠르게 발전할 수 있었다.

쉽고도 과학적인 글자, 한글

세계에는 여러 문자가 있는데, 오랜 세월에 걸쳐 변화하면서 만들어졌기 때문에 누가, 언제, 어떻게 만들었는지 알기 어렵다. 그러나 한글은 누가, 언제, 어떻게, 왜 만들었는지 확실하게 알려져 있는 독특한 글자이다.

한글은 조선 시대 세종대왕이 여러 학자들과 함께 만들어 낸 글자이다. 그 당시에는 우리말을 그대로 쓸 수 있는 우리 글자가 없었다. 지식층에서는 한자를 쓰고 있었지만, 한자는 뜻글자로 우리말과 달라 표현하는 데 어려움이 많았다. 또 배우기가 어려워 일반 백성들은 거의 사용하지 못했다. 이를 안타깝게 여긴 세종대왕이 우리말을 적는 데 알맞은 쉬운 글자를 만들도록 하였다.

세종대왕의 이런 정신을 살려 집현전의 학자들이 열심히 연구한 끝에 1443년 훈민정음(訓民正音) 28자를 만들어 냈다. 훈민정음은 '백성을 가르치는 바른 소리'라는 뜻으로 한글의 옛 이름이다. 새로 만든 글자가 우리말과 잘 맞는지 3년에 걸쳐 책을 지어 보고 나서 1446년 음력 9월에 반포하였다. 드디어 우리글이 세상에 나온 것이다.

● **훈민정음 28자** ●

자음(17자) : ㄱ, ㄴ, ㄷ, ㄹ, ㅁ, ㅂ, ㅅ, ㅇ,
ㅈ, ㅊ, ㅋ, ㅌ, ㅍ, ㅎ, ㅿ, ㆁ, ㆆ

모음(11자) : ·, ㅡ, ㅣ, ㅗ, ㅏ, ㅜ, ㅓ, ㅛ, ㅑ,
ㅠ, ㅕ

훈민정음 28자는 소리를 내는 기관을 본떠 만든 자음과 자연의 이치를 본떠 만든 모음으로 되어 있다. 자음의 기본 글자를 보면 ㄱ은 혀가 목구멍을 막는 모양, ㄴ은 혀가 윗잇몸에 닿는 모양, ㅁ은 입, ㅇ은 목구멍, ㅅ은 이의 모양이다. 또한 하늘과 땅이 있고, 땅 위에 사람이 살고 있는 자연의 이치에 따라 모음의 기본 글자 •(하늘), ㅡ(땅), ㅣ(사람)를 만들었다. 이렇게 만든 자음과 모음의 기본 글자에 획을 더해서 28자를 만든 것이다.

한글은 자음과 모음이 합쳐져 한 글자를 이루는 체계적이고 과학적인 글자이다.

또한 개 짖는 소리나 닭 울음소리까지 소리 나는 대로 적을 수 있을 만큼 편리하면서도 쉽게 익힐 수 있는 글자이다.

이제 한글의 우수성은 전 세계에서 인정받고 있다. 유네스코(국제연합 교육·과학·문화 기구)에서는 1990년 '세종대왕상'을 만들어 해마다 인류의 문맹률을 낮추는 데 기여한 사람이나 단체에 상을 주고, 1997년에는 훈민정음을 '세계기록유산'으로 지정하였다.

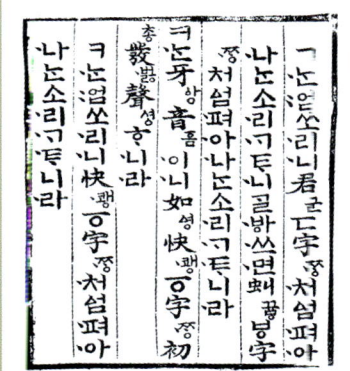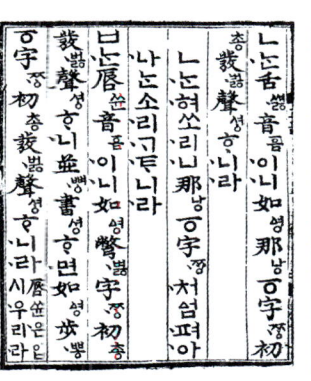

● 훈민정음을 만든 뒤 글자를 지은 뜻과 원리를 풀이한 책을 펴냈다.

농사

여느 날은 고사리 같은 손으로 땅을 일구어 씨앗을 뿌리고는 이렇게 말했어.

"씨앗아, 잘 자라서 열매를 맺어야지!"

기는 아침마다 밭으로 달려가 물도 주고 풀도 뽑아 주면서

곡식이 잘 자라게 정성을 들였지.

씨앗을 갖고 논 아이

아주 먼 옛날 중국에 강원이라는 여자가 살았는데, 어느 날 들판을 걷다가 아주 아주 큰 거인의 발자국을 보았어.

"우와! 정말 크다. 얼마나 큰지 대볼까?"

강원은 거인 발자국 위에 발을 대보았어. 그런데 거인의 엄지발가락 부분을 밟는 순간 심장이 마구 쿵쾅거리는 거야. 강원은 얼른 발을 떼었지.

그리고 얼마 지나자 배가 점점 불러 오는 거야. 사람들은 강원이 아기를 가졌다고 말했어.

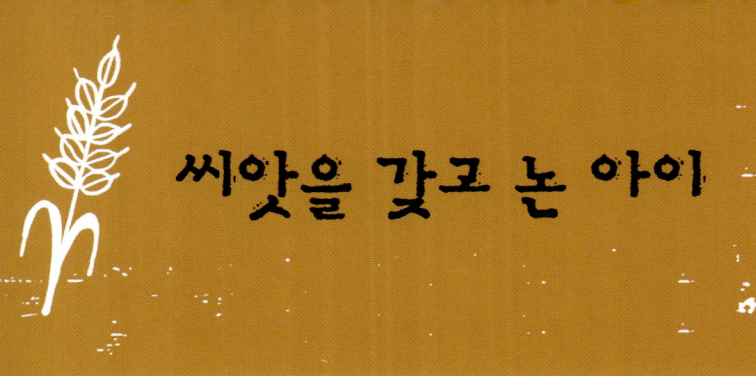

몇 달이 지나고 무언가를 낳았는데……. 에구머니나! 이게 뭐야? 사람도 아니고 개도 아니고 말도 아니고 그냥 둥그런 살덩어리야.

강원은 하도 이상하고 무서워서 몰래 그 살덩어리를 가지고 밖으로 나가 길가에 내다 버렸어. 그런데 이상하게도 짐승들이 살덩어리를 피해 다니는 거야. 그래서 이번엔 숲에다 버리려고 했지. 숲에 가 보니 마침 사람들이 나무를 베려고 모여 있는 바람에 그대로 돌아오고 말았어.

돌아오는 길에 둘러보니 추운 겨울이라 강물이 꽁꽁 얼어 있어. 강원은 거기에 살덩어리를 버렸어. 살덩어리를 버리고 막 돌아서는데 커다란 새 한 다리가 날아오네. 커다란 새는 날개를 활짝 펴서 살덩어리를 포근히 감싸 안지 뭐야. 마치 엄마가 아기를 안듯이 말이야. 강원은 깜짝 놀라 다가갔지. 그러자 커다란 새도 깜짝 놀라 날아올랐어. 그런데 그만 날아오르면서 안고 있던 살덩어리를 얼음판에 툭 떨어뜨렸어.

"응애 응애……."

이게 무슨 소리야? 얼음 위에 떨어진 살덩어리가 달걀 깨지듯 깨지면서 그 속에서 아이가 나온 거야.

강원은 얼른 가 보았지. 거기에 발그레한 사내아이가 있었어.

강원이 낳은 것은 살덩어리였는데, 그 속에서 사내아이가 태어난 거야. 참 신기하지?

신기한 일이 또 있어. 그 사내아이는 태어나자마자 걸었단다. 한 발짝 두 발짝…….

"아가, 정말 미안하구나! 이렇게 예쁜 너를 버리려 하다니…….."

강원은 아이를 품에 안고 흐느껴 울었지. 그러고는 아이를 데리고 집으로 왔어.

강원은 그 아이를 '기(棄)'라고 부르며 잘 키웠어. 기는 '버림받았다'는 뜻이란다.

기는 어릴 적부터 여느 아이와 다르게 놀았어. 온갖 씨앗이 기의 장난감이었지.

씨앗을 물에 담가 놓고는

"씨앗아, 통통하게 커져라!"

땅에 묻어 놓고는

"씨앗아, 싹을 틔워라!"

깨물어 보고는

"씨앗아, 잘 여물었구나!"

이러면서 놀았지.

어느 날은 고사리 같은 손으로 땅을 일구어 씨앗을 뿌리고는 이렇게 말했어.

"씨앗아, 잘 자라서 열매를 맺어야지!"

그러자 정말 씨앗이 싹을 내밀었어. 기는 아침마다 밭으로 달려가 물도 주고 풀도 뽑아 주면서 곡식이 잘 자라게 정성을 들였지. 싹은 쑥쑥 자라서 가을이 되자 탐스런 열매를 맺었단다.

기가 어른이 되었을 때도 사람들은 여전히 산이나 들에서 저절로 자라난 식물이나 열매를 따 먹으며 살았어. 야생동물을 잡아먹기도 하고. 그래서 늘 먹을 것을 찾아 떠돌아다니며 살았지. 그런데 많은 사람들이 먹기엔 야생 열매가 모자라서 굶주리는 사람이 많았어. 특히 겨울이 되면 배를 곯아 죽기도 했어. 기는 그런 사람들을 보고 안타까워했단다.

어느 봄날 기는 사람들을 모아 놓고 말했어.

"곡식의 씨를 뿌리고 가꾸는 법을 가르쳐 주겠소!"

기는 사람들에게 먼저 밭을 일구게 하고, 씨앗을 뿌리는 법을 알려 주었어. 씨앗에서 싹이 나오면 잘 가꾸는 법도 알려 주었지.

가을이 되자 들판은 잘 여문 곡식으로 가득했고, 사람들은 무척 행복해했어.

그 뒤로도 기는 사람들과 함께 곡식을 거두어들이고 잘 보관했어. 겨우내 먹을 수 있도록 말이야.

기는 전국을 돌아다니며 곡식과 채소를 재배하는 법을 가르쳐 주어 사람들이 편안히 먹고살 수 있게 해 주었단다.

사람들은 기를 무척 존경했지. 기 덕분에 떠돌이 생활을 하지 않아도 되고, 배부르게 잘 먹을 수 있었으니까.

기에 대한 이야기가 궁궐에까지 전해지자 요임금이 기를 불렀지.

"기를 후직에 임명하고, 농업에 관한 모든 책임을 맡겨라!"

그 후 사람들은 살덩어리에서 태어나 버려질 뻔한 기를 '후직(后稷)'이라는 존칭으로 불렀단다. 후직이란 '농사를 관장하는 임금'이란 뜻이야. 기는 또한 훗날 중국 주나라의 시조가 된단다.

후직은 농업을 위해 이렇게 힘을 다하다가 들에서 죽었다고 해. 그가 묻힌 '도광(都廣)'이라는 들판에서는 가장 질 좋은 벼와 수수, 기장이 저절로 쑥쑥 자라고 한겨울에도 농사를 지을 수 있었다 하니, 죽은 후직의 혼이 여전히 농업의 발전을 위해 애쓰고 있는 게 아닐까?

신석기 시대의 혁명

"오늘은 어디 가서 먹을 것을 구할까?"

구석기 시대 사람들의 가장 큰 걱정은 먹을 것을 구하는 일이었다. 당시 사람들은 야생동물이나 물고기를 잡아먹고 식물의 열매를 따 먹으며 살았다. 이를 '수렵 채취 생활'이라고 한다. 주로 산속의 동굴에서 살았는데 주변에 먹을 것이 떨어지면 다른 곳으로 옮겨 다녔다.

● 구석기 시대 사람들은 수렵 채취 생활을 했다.

이런 생활을 아주 오랫동안 계속하다가 지금부터 약 1만 년 전인 신석기 시대에 와서야 농사를 짓기 시작했다.

신석기 시대 사람들은 어떻게 농사짓는 법을 알았을까? 사람들이 갑자기 영리해져서 그랬을까? 아니면 정말 신화 속에 나오는 '기'가 지구 구석구석을 다니며 농사짓는 법을 가르쳐 줬을까?

농사를 지으려면 알맞은 자연 환경이 필요하다. 구석기 시대에 지구는 지금보다 훨씬 추웠다. 그러나 약 1만 년 전 빙하기가 막을 내리면서 지금의 자연 환경과 비슷해져 이전보다 따뜻한 기후가 되었다. 농사를 지을 수 있는 환경이 갖춰진 것이다.

농사를 지으려면 계절과 기후의 변화를 예측해야 하고, 씨앗을 뿌리고 열매를 거두는 적절한 시기도 알아야 하며, 단단한 땅을 일굴 도구도 만들 줄 알아야 한다. 그리고 물을 다스릴 줄도 알아야

● 신석기 시대에는 들이나 산을 태워 밭을 만들어 농사를 지었다.

한다. 신석기 시대 사람들은 오랫동안 자연을 관찰하여 땅에 떨어진 씨앗이 이듬해 싹이 트고, 열매가 맺는 이치를 깨닫고 농사를 짓기 시작하였을 것이다. 농사에 대한 지식과 경험이 많은 사람이 그렇지 못한 사람을 가르치기도 하고, 여러 시행착오를 거치면서 발전하였을 것이다.

농사를 지으면서 사람들의 생활 모습은 많이 바뀌었다. 떠돌이 생활에서 한군데 머무르는 정착 생활이 가능해졌고, 먹을 것이 풍족해지자 인구도 늘어나고 마을이 생겨났다.

그러나 신석기 시대에 완전한 정착 생활을 했다고 보기는 어렵다. 당시의 농업은 화경(火耕)이었는데, 화경이란 들이나 산에 불을

● 점차 농사에 필요한 여러 도구를 갖추어 갔다.

놓아 나무와 풀을 태워 밭을 만들어 농사를 짓는 것을 말한다. 화경은 재를 거름으로 하기 때문에 몇 년이 지나면 거름기가 없어져 작물이 잘 자라지 않는다. 그래서 사람들은 농사를 짓던 밭을 버리고 새로운 곳을 찾아 떠나야만 했다.

시간이 흐르면서 농사에 필요한 도구들도 만들어졌다. 거두어들인 곡식을 보관하는 토기도 만들고, 돌을 자르고 갈아서 돌괭이나 돌도끼, 돌보습 등을 만들어 농사를 짓는 데 사용하였다. 이런 농기구를 이용하면서 힘을 덜 들이고 수확량을 늘릴 수 있었다.

청동기 시대, 철기 시대를 거치면서 단단한 금속으로 낫, 호미, 쟁기 등의 농기구를 만들어 쓰게 되자 농업은 더욱 빠르게 발전했다.

● 금속으로 농기구를 만들어 쓰게 되자 농업이 더욱 빠르게 발전했다.

농기구의 발달만큼 중요한 것이 또 하나 있다. 바로 논이나 밭에 물을 대 주는 관개 시설이다. 저수지를 만들어 물을 저장했다가 농사철에 쓸 수 있게 물을 대 주자 가뭄에도 물 걱정 없이 농사를 지을 수 있었다. 당연히 수확량도 늘었다.

농기계와 농업 기술이 발달하면서 자연 환경에만 의존했던 농업에서 벗어나 계절에 관계없이 농사를 지을 수 있게 되었다. 온실을 지어 겨울에도 식물을 재배할 수 있고 수확한 것을 상하지 않게 저장하는 기술도 발달했다.

요즘에는 사람의 일손보다 기계나 자동화 시설을 더 많이 이용하여 농사를 짓는다. 작물에 자동으로 물을 뿌려 주고 온도에 따라

● **농사 기술이 발달하면서 차츰 수확량이 늘었다.**

비닐하우스의 문을 열고 닫는 시설 들을 설치하고, 모 심는 기계, 씨 뿌리는 기계, 벼 베는 기계 등을 사용한다. 또한 새로운 품종을 개발하거나, 비료와 살충제 등을 써서 수확량을 늘리고 있다.

하지만 이러한 현대의 농업이 사람들에게 이익만 가져다주는 것은 아니다. 화학비료나 농약을 사용하면 처음에는 수확량이 늘어나지만, 계속해서 쓰면 자연이 파괴되고 건강에도 해롭다. 그래서 요즘에는 화학비료나 농약을 쓰지 않고 퇴비를 쓰거나 해충의 천적, 혹은 미생물을 이용해 농작물을 재배하는 유기농업이 주목을 받고 있다.

인간은 오랜 경험을 통해 자연의 법칙을 알아내고 그것을 이용해 농사를 지으면서 풍요로운 삶을 살게 되었다. '신석기 혁명'이라 부를 만큼 농사짓기는 사람들의 생활 모습을 크게 바꾸어 놓았다.

● 요즘에는 사람의 일손보다는 기계나 자동화 시설을 이용하여 농사를 짓는다.

조선의 비밀! 세계 최초의 온실

조선 시대에 석빙고가 있어서 한여름에 얼음을 먹었다는 얘기는 잘 알려져 있다. 하지만 1400년대 무렵 우리나라에서 한겨울에도 아름다운 꽃을 보고 싱싱한 채소를 먹었다는 사실은 모르는 이가 많다. 어떻게 이런 일이 가능했을까? 바로 온실이 있었기 때문이다. 세계 최초(1619년)라고 알려진 독일의 온실보다 무려 170여 년이나 앞선 것이다.

온실에 대한 기록은 조선 초기에 '전순의'라는 의관이 지은 『산가요록(山家要錄)』에 자세히 나와 있다. 『산가요록』은 농사짓는 법을 써 놓은 책인데 '겨울철 채소 기르기' 부분에 온실 이야기가 나온다. 이 설명을 바탕으로 2002년 2월, 경기도 남양주시에 온실을 그대로 만들어 보았는데 평균 기온이 섭씨 8°인 3월에 열무 씨를 뿌린 지 3일 만에 싹이 텄고, 배나무도 자연 상태보다 두 달이나 일찍 꽃이 피었다고 한다. 현대의 온실에 견주어도 전혀 뒤떨어지지 않는다.

조선 온실은 어떤 원리로 만들어졌을까? 첫 번째 비밀은 창호지이다. 온실의 동·서·북쪽 세 면은 흙벽돌로 쌓고, 남쪽 지붕에는 기름 먹인 창호지를 발랐다. 창호지에 기름을 먹이면 햇빛이 잘 통과해 온실의 온도를 높여 주고 밖으로 열이 나가지 않도록 해 주는데다, 비도 잘 막아 준다.

두 번째 비밀은 온돌이다. 서양의 온실은 난로로 공기를 따뜻하게 데웠는데, 조선 온실은 바닥에 온돌을 놓고 그 위에 흙을 깔아 식물을 심는 방식이다. 온돌은 아궁이를 통해 열을 받아들였다가 천천히 방바닥을 데운다. 온돌이 데워지면서 그 위에 쌓은 흙의 온도가 식물이 자라기에 알맞게 되는 것이다.

세 번째 비밀은 가마솥이다. 온실은 온도뿐 아니라 습도를 맞추는 일도 중요하다. 조선의 온실은 온돌을 데우기 위해 아궁이에 불을 땔 때 가마솥을 얹어 물을 끓였다. 이때 생기는 수증기를 온실로 흐르게 해 습도를 맞추었다.

이처럼 조선 시대의 온실은 난방, 자연 채광, 습도 조절이 가능한 과학적인 시설이었다. 또한 햇빛, 물, 바람을 그대로 이용한 환경 친화적인 시설이었다.

세계적인 온실 전문가도 감탄할 만한 조선 시대의 온실! 우리 민족의 지혜가 돋보이는 증거이다.

● 2002년 복원한 조선 시대의 온실 모습.

비단

글쎄 큰 나무 위에 말가죽에 둘러싸인 딸이 걸려 있는 거야.
하지만 딸은 꿈틀거리는 벌레로 변해 있었지.
그 벌레는 말처럼 생긴 머리를 흔들면서
입에서 빛이 나는 하얀 실을 토해 내고 있었어.

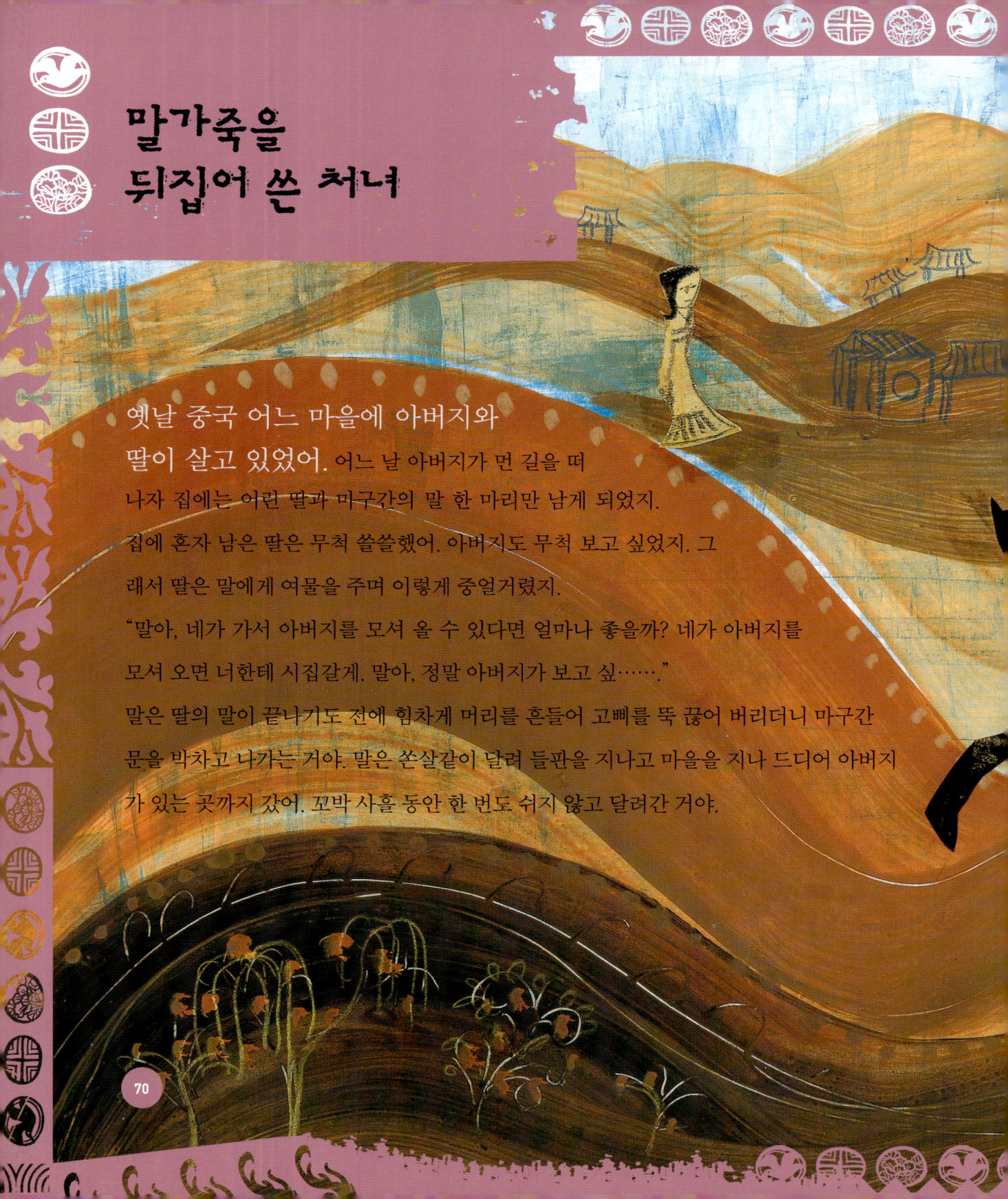

말가죽을 뒤집어 쓴 처녀

옛날 중국 어느 마을에 아버지와 딸이 살고 있었어. 어느 날 아버지가 먼 길을 떠나자 집에는 어린 딸과 마구간의 말 한 마리만 남게 되었지.

집에 혼자 남은 딸은 무척 쓸쓸했어. 아버지도 무척 보고 싶었지. 그래서 딸은 말에게 여물을 주며 이렇게 중얼거렸지.

"말아, 네가 가서 아버지를 모셔 올 수 있다면 얼마나 좋을까? 네가 아버지를 모셔 오면 너한테 시집갈게. 말아, 정말 아버지가 보고 싶……."

말은 딸의 말이 끝나기도 전에 힘차게 머리를 흔들어 고삐를 뚝 끊어 버리더니 마구간 문을 박차고 나가는 거야. 말은 쏜살같이 달려 들판을 지나고 마을을 지나 드디어 아버지가 있는 곳까지 갔어. 꼬박 사흘 동안 한 번도 쉬지 않고 달려간 거야.

아버지는 말을 보고 반가워서 얼른 달려가 갈기를 쓸어 주었어. 그랬더니 말이 목을 길게 빼고 "히히히이힝~" 울어.

"왜 그러느냐? 집에 무슨 일이 있니?"

아버지가 물으니 대답 대신 더 크게 울부짖는 거야. 아버지는 딸에게 무슨 일이 생겼구나 싶어 얼른 말 등에 올라탔어.

"어서 집으로 가자!"

말은 아버지를 태우고 쏜살같이 달려 집에 도착했어.

"얘야, 무슨 일이 있는 게냐?"

아버지가 딸을 보고 걱정스러 물었지

"아버지가 보고 싶다고 말에게 얘기했는데, 말이 진짜로 아버지를 모셔 왔네요."

아버지는 신통방통한 말에게 맛있는 여물을 잔뜩 주었지. 그런데 말이 이상해. 여물은

거들떠보지도 않고 딸을 보며 히히힝 우는 거야. 그것뿐만이 아니었어. 마구 날뛰기까지 했지.

아버지가 이상하다 싶어 딸에게 물었어.

그러자 딸이 아버지를 모셔 오면 말에게 시집간다고 한 얘기를 모두 말했지.

"아이고, 이런 망측한 일이 있나? 남들에겐 절대로 그런 소리 하지 마라!"

아버지는 말을 좋아했지만 사위로 삼고 싶지는 않았던 거야. 그럴 만도 하지. 말은 사람이 아니잖아.

화가 난 아버지는 화살을 몰래 숨겨 가지고 마구간으로 가서 말 죽였어. 그리고는 말가죽을 벗겨 뜰에 널었단다.

아버지가 일이 있어 밖에 나간 사이 딸은 친구와 뜰에서 어. 딸이 놀다 보니 말가죽이 보이네. 딸은 말가죽을 차며 욕을 했지.

"이놈아, 짐승 주제에 감히 나랑 결혼해? 이렇게 가죽이 벗겨질 만도 하지. 꼴좋다!"

딸의 말이 끝나기가 무섭게 말가죽이 공중으로 획 날아오르더니, 딸의 몸을 둘둘 감싸는 거야. 그러고는 바람처럼 휘잉 먼 들판으로 사라지지 뭐야. 딸의 친구는 너무 놀라 발발 떨며 어쩔 줄 몰라 했지.

얼마 뒤 아버지가 집에 돌아와서 이 이야기를 들었어. 아버지는 깜짝 놀라 딸을 찾아다녔지만 온 동네를 다 뒤져도 찾을 수가 없었지.

그러고 며칠 뒤에 멀리 들판까지 가게 되었지. 그런데 글쎄 큰 나무 위에 달가죽에 둘러싸인 딸이 걸려 있는 거야. 하지만 딸은 꿈틀거리는 벌레로 변해 있었지. 그 벌레는 말처럼 생긴 머리를 흔들면서 입에서 빛이 나는 하얀 실을 토해 내고 있었어. 사람들은 그 벌레를 '누에'라고 부르고 잠신(蠶神, 누에치기를 처음 시작한 신)으로 섬겼단다. 또 사람들은 잠신이 토해 낸 실을 황제께 바쳤어. 황제는 아름다운 실을 받고는 크게 기뻐하며, 사람들을 시켜 옷감을 짜게 했지. 그 옷감이 바로 비단이란다.

하늘이 내린 벌레가 주는 선물

요즘은 옷감의 종류가 무척 다양하다. 면이나 비단같이 식물이나 동물에서 얻은 재료로 만든 옷감도 있고, 나일론이나 폴리에스테르같이 석유나 석탄을 원료로 만든 옷감도 있다.

그러나 옛날에는 옷감의 종류가 많지 않았다. 아주 오랜 옛날, 사람들은 짐승의 털가죽이나 풀로 옷을 만들어 입고 살았다. 그러다 삼이나 모시풀 같은 식물 줄기에서 실을 뽑아 내 옷감을 짜기 시작했다. 이런 옷감으로 삼베, 모시, 무명 등이 있다.

삼베는 신석기 시대 사람들이 '삼'이라는 풀을 발견하면서 만들어 낸 옷감이다. 삼은 줄기가 곧고 길게 자라는 풀인데, 줄기의 껍질을 벗겨 쪼개고 이어서 실을 만들 수 있다. 옷감을 짜기 위해 실을 감는 가락바퀴와 베틀도 발명되었다. 삼베는 이전에 썼던 다른 재료보다 질기면서도 부드러워 옷을 만들기 좋았다.

모시는 모시풀로 만든 옷감인데 올이 가늘고 가벼운데다 거칠지 않아 훨씬 고급스럽다. 무명은 목화솜에서 뽑은 실로 만든 옷감이다. 부드럽고 따뜻해 겨울철 옷감으로 주로 이용하였다.

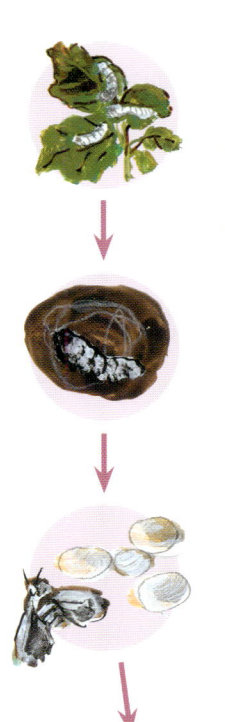

비단은 누에고치에서 뽑은 실로 짠 옷감이다. 누에고치는 누에나방의 애벌레인 누에가 번데기가 되기 전에 입에서 실을 뽑아 만든 집이다. 누에는 뽕잎을 먹고 자라서 고치를 짓는데, 이 고치를 햇볕에 잘 말린 뒤, 끓는 물에 넣으면 실올이 풀려 나온다. 이 실로 짠 옷감이 바로 비단이다.

비단은 자연 재료로 만든 옷감 가운데 가장 보드랍고 아름답다. 또 삼베나 무명처럼 식물에서 재료를 얻지 않고 누에라는 벌레가 지은 고치에서 실을 뽑아 만든다. 그 점이 신기해서인지 중국 신화처럼 말과 사람이 합쳐진 잠신의 이야기나 비슷한 전설이 우리나라에도 전해진다.

● 누에고치에서 비단이 만들어지기까지의 과정.

옛날에는 비단이 가장 귀한 옷감이었다. 언제부터 누에를 키우고 비단을 짰는지는 정확히 알 수 없지만, 비단을 가장 먼저 만든 나라는 중국이다. 기원전 2천 년경의 유적에서 사람이 키운 누에고치가 발견되었고, 은나라 유물인 갑골문자에 뽕나무란 글자가 있으며 실제로 그 시대 비단이 발견되기도 했다.

옛날 중국에서는 누에 치는 일과 비단 만드는 방법을 비밀로 했다. 누에씨나 뽕나무를 나라 밖으로 가지고 나가다 걸리면 사형을 당하기도 했다. 비단은 이렇게 귀하고 값이 비싸서 주로 귀족들의 고급 옷감으로 사용되었다.

한나라 시대에 서아시아와 유럽에 이르는 비단길이 개척되자 중국은 비단을 수출하기 시작했다. 유럽에서 비단은 옷감 이상의 역할을 했다. 물건을 사고팔 때 돈 대신 비단을 주고받기도 한 것이다.

우리나라는 삼한 시대에 이미 뽕잎을 먹여 누에를 기르고 옷을 짜 입었다는 기록이 중국의 역사책인 『삼국지 위서』와 『후한서』에 나온다. 이런 기록으로 보아 삼한 시대나 그 이전부터 비단이 있었음을 짐작할 수 있다. 백제 초고왕 때에는 누에 치는 방법과 비단 만드는 방법을 일본에 전해 주기도 했다. 조선 시대에는 대궐에 잠실(누에 치는 방)을 만들어 놓고 왕비가 누에를 치며 양잠(누에치기)을 장려했다. 그만큼 비단이 귀한 옷감이었음을 알 수 있다.

궁중이나 양반가에서는 거의 모든 옷을 비단으로 만들어 입었지만, 서민들은 혼례식이나 특별한 날에만 비단옷을 입었다.

● 조선 시대 후기에 공주가 혼례식에 입던 비단으로 만든 예복(활옷).

● 비단으로 만든 오방색 주머니.

● 조선 시대 사대부 집안 여자들이 신던 비단을 씌운 신발(당혜).

비단은 염색이 잘 되어 화려하게 물들일 수 있었다. 또 종류가 다양하기 때문에 겨울철 옷감에서 여름철 옷감까지 두루 쓰였다. 여름에는 얇은 '사'로 옷을 만들어 입었고, 겨울에는 두꺼운 '단'으로, 봄이나 가을에는 약간 성긴 '견'으로 옷을 만들어 입었다.

비단은 재료나 만드는 과정이 독특해서 귀한 옷감으로 여겨졌고 비단을 사고팔면서 동서양의 문명이 교류되기도 했다. 옷감 하나가 사람들의 생활을 바꾸어 놓은 것이다.

미래에는 환경에 따라 자동으로 색이 바뀌거나, 저절로 세탁이 되는 옷감, 옷을 입은 사람의 건강 상태를 알려주는 옷감도 나올 것이라고 하니 우리의 생활이 또 어떻게 바뀔까?

문명의 길 실크로드

실크로드 즉 비단길은 중국 장안(지금의 시안 西安)에서 파미르 고원을 넘어 아라비아 반도를 거쳐 로마에까지 이어지는 길을 말한다. 비단길은 고대에 동양과 서양의 물건이 오고 간 중요한 길이었다. 그런데 왜 이 길을 비단길이라 불렀을까? 이 길을 통하여 주고받은 물건 중에 중국의 비단이 대표적인 것이었기 때문이다. 비단은 기원전 1세기부터 로마에서 인기가 매우 높아 귀족들은 너도나도 화려한 비단옷을 입고 싶어 했다. 비단 만드는 방법을 몰랐던 로마 사람들은 중국에서 비단을 사들일 수밖에 없었다. 하지만 '세계의 지붕'이라 불릴 만큼 높은 파미르 고원 때문에 아시아와 유럽에 있는 나라들이 서로 오고 가기는 쉽지 않았다.

비단길은 무척 험난하여 목숨을 걸고 가야 하는 길이었다. 만년설로 뒤덮인 산맥과 뜨거운 열기를 내는 모래사막을 지나야 했고, 이 길을 지나는 상인들의 물건을 노리는 산적들도 피해야 했다. 하지만 그런 위험을 무릅쓰고 동서양의 수많은 상인과 여행자의 발길이 이어졌다.

비단길을 통해 비단뿐 아니라 여러 가지 물건들이 오갔다. 동양의 도자기나 차, 종이 등이 서양에 전해졌고, 서아시아와 로마 등에서 보석과 유리, 향신료, 금은 세공품, 모직물 등이 동양으로 들어왔다.

또한 비단길을 통해 종교와 기술의 교류도 이루어졌다. 인도에서 생겨난 불교, 페르시아에서 시작된 조로아스터교와 마니교, 아라비아에서 성립한 이슬람교 등이 중국으로 전해졌다. 또한 누에 치는 법, 비단 짜는 법, 종이 만드는 법, 인쇄하는 법, 화약을 만드는 법 등도 비단길을 통해 중국에서 서양으로 전해졌다.

인류는 비단길을 통해 서로의 문명을 주고받으며 발전했고 세계의 역사도 이 길을 중심으로 이루어졌다. 동양과 서양의 문명이 오고 갔던 문명의 길 실크로드. 그 길을 따라 생겨났던 도시들은 대부분 사라졌다. 그러나 그 길에 흔적으로 남아 있는 수천 년의 역사는 지울 수 없을 것이다.

● 물건을 싣고 중국으로 가는 상인들의 모습.

불

불빛이 어디서 나오는지 무척 궁금했어.
그래서 빛이 보이는 곳으로 성큼성큼 걸어갔지.
가까이 가 보니 큰 새 한 마리가 단단한 부리로 큰 나무 줄기를 마주 쪼아 대고 있었는데
그때마다 찬란한 빛이 나지 뭐야.

나뭇가지로
불을 일으킨 사람

오랜 옛날 중국에 총명하고 지혜로운 사람이 살고 있었어. 그는 여러 곳을 돌아다니며 새로운 것을 보고 싶어 했지.

"아주 멀리 가면 무엇이 있을까?"

어느 날 그는 호기심을 안고 길을 떠났어. 한 달을 가고, 두 달을 가고, 석 달을 갔더니, 온통 어둠뿐인 나라에 다다랐어. 그곳은 수명국(遂明國)인데, 해도 없고 달도 없어 밤낮을 구분할 수 없었어.

그 나라에는 '수목(遂木)'이라 부르는 큰 나무가 한 그루 있는데, 사방 1만 경이나 되는 지역을 덮고 있었지. 구불구불 뻗은 가지는 끝이 보이지 않고, 펄럭거리는 이파리는 커다란 우산보다 더 컸어.

지혜로운 사람은 아주 오랫동안 걸어 힘이 다 빠져 있었어. 그래서 큰 나무의 가지에 기대 쉬었지. 그런데 이게 웬일이야? 저쪽에서 빛이 반짝반짝하는 거야. 아주 찬란한 빛이었지.

"이렇게 깜깜한 나라에 빛이 있다니?"

그는 불빛이 어디서 나오는지 무척 궁금했어. 그래서 빛이 보이는 곳으로 성큼성큼 걸어 갔지.

가까이 가 보니 큰 새 한 마리가 단단한 부리로 나무 줄기를 마구 쪼아 대고 있었는데 그때마다 찬란한 빛이 나지 뭐야.

지혜로운 사람은 생각에 잠긴 채로 한참을 지켜보았지.

"그래, 불을 얻을 수 있겠구나!"

그는 나뭇가지 두 개를 꺾어 서로 세게 부딪쳤어. 하지만 불꽃은 일지 않았지.

"이렇게는 안 되겠군. 좀 더 나은 방법을 생각해야겠어."

그는 새가 하는 모양을 다시 자세히 보고는, 큰 나뭇가지를 꺾어다가 구멍을 팠어. 그 구멍에 작은 가지를 넣고 비벼 보았지. 한참을 비비니까 정말 불빛이 보여. 하지만 불빛만 생길 뿐 불꽃은 쉽게 일어나지 않았단다.

그는 땀을 뻘뻘 흘리며 오랫동안 마른 가지를 비벼 댔지. 마침내 하얀 연기가 풀풀 피어오르더니 빨간 불꽃이 조그맣게 생겨나는 거야. 지혜로운 사람은 입김으로 살살 불어 불꽃을 키웠어.

"야! 불이다. 불을 피워 냈어!"

그가 기뻐서 소리쳤지.

지혜로운 사람은 다른 사람들에게 불 피우는 방법을 가르쳐 주고 싶어서 서둘러 고향으로 돌아왔어. 불을

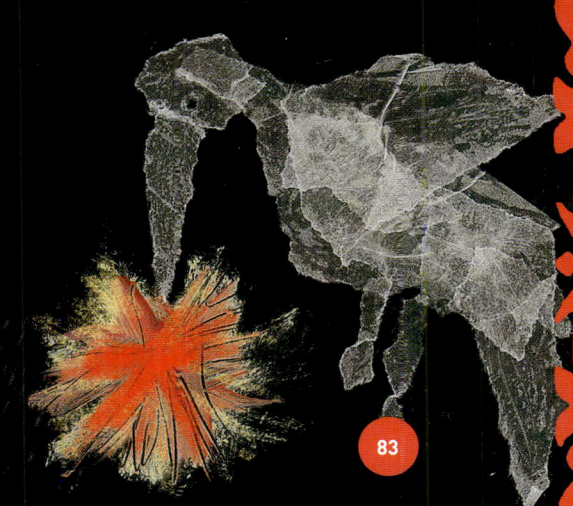

피울 줄 알면 어둠도 밝힐 수 있고 추위도 막을 수 있으리라 생각했거든.

고향으로 돌아온 그는 사람들을 모아 놓고 불을 일으키는 방법을 알려 주었지. 그 뒤로 사람들은 불에 익힌 음식을 먹을 수 있었어. 또 추운 날에는 불을 피워 따뜻하게 지낼 수 있었지.

사람들은 지혜로운 사람 덕분에 불을 피우는 방법을 알게 된 것을 고마워하며, 그를 '수인(燧人)'이라고 불렀단다. 수인이란 '불을 일으키는 사람'이란 뜻이야.

가장 중요한 발견

인류가 불을 마음대로 다스리고 이용하기까지는 수만 년이 걸렸지만 불을 사용하면서 사람들의 생활은 짧은 기간에 많이 달라졌다. 불은 무서운 맹수를 쫓아내고, 몸을 따뜻하게 하고, 익힌 음식을 먹을 수 있게 해 주었다.

이런 생활을 가능하게 한 불을 신으로 숭배하거나 신성하게 여기는 것은 당연한 일이었을 것이다. 그래서 세계 여러 민족의 신화에는 불과 관련된 이야기가 전해지고 있다.

중국 신화를 보면 '수인'이 불을 일으키는 방법을 알아내어 사람들에게 전해 준 것으로 되어 있는데, 그리스 신화에서는 프로메테우스가 불을 가져다준 것으로 되어 있다. 사람들은 제우스가 감추어 둔 불을 훔쳐 인간에게 전해 준 프로메테우스를 최초로 문명을 일깨워 준 신으로 일컫는다.

우리 민족에게 불의 신은 단군의 아들 부소(夫蘇)이다. 우리나라 역사 이야기책인 『규원사화(揆園史話)』를 보면 부소가 마른 쑥을 재료로 하여 쇠와 돌을 맞부딪쳐서 불을 만들고 그 불로 산과 늪을 태우니, 짐승과 벌레가 멀리 도망가서 그 피해가 점점 줄어들게 되었다고 나와 있다. 불을 일으키는 부싯돌은 부소의 공을 기리고자 하는 데서 이름이 붙여졌다고 한다.

그렇다면 실제로 인류는 불을 언제부터 사용했으며, 어떻게 불을 직접 일으켰을까?

인류가 지구에 처음 살게 되었을 때는 불을 사용할 줄 몰랐다. 그래서 추위를 피해 일년 내내 따뜻한 지역을 찾아다니며 살아야 했다. 또 날고기를 먹고 살았다.

원시인들은 화산 폭발이나 산불, 벼락으로 생긴 불을 보고 두려움에 떨었지만, 자연 현상으로 일어나는 불을 자주 보게 되자 두려

● 자연 현상으로 생긴 불을 보며 두려워하기도 하고 궁금해하기도 했다.

● 불로 맹수를 쫓아 자신을 보호하고 날고기를 익혀 먹었다.

움에서 벗어나 호기심이 생겼다. 불이 난 곳에 가 보고 불에 익은 동물을 먹어 보았다. 또 불이 있으면 동물이 도망친다는 사실도 알게 되었다.

원시인들이 불을 가져다 사용하기 시작한 것은 지금부터 약 50만 년 전이라고 한다. 불을 사용한 가장 오래된 증거는 베이징원인이 살았던 저우커우뎬의 동굴에서 찾아볼 수 있으나, 그 이전에도 불을 사용하였을 것으로 짐작된다.

베이징원인은 불로 맹수를 쫓아 자신을 보호하고, 날고기를 불에 익혀 먹었다. 그 덕분에 몸도 튼튼해지고 병에도 덜 걸렸다. 또 더운 지방에서 추운 지방으로 옮겨 가 살 수 있었다. 그러나 베이징

● 마찰열을 이용해 불 피우는 방법을 알아냈다.

원인들은 스스로 불을 피울 줄은 몰랐기 때문에 불을 꺼뜨리지 않고 지키는 일이 무척 중요했다. 불이 꺼지면 화산이 폭발한 곳이나 산불이 난 곳에 가서 가져와야만 했다. 그래서 불씨를 지키는 사람을 따로 두었다고 한다.

불을 피우는 방법은 크로마뇽인이 알아냈다. 크로마뇽인들은 막대기 두 개를 빠르게 비벼서 생긴 마찰열로 불을 일으키거나, 부싯돌 두 개를 세게 부딪쳐 불을 피웠을 것이다. 이렇게 불을 피울 줄 알게 되자 더 이상 불을 지키려 노력하지 않아도 되었다. 언제든 필요하면 다시 피울 수 있었기 때문이다.

- ← 불에 구운 토기를 사용하여 음식을 끓여 먹을 수 있게 되었다.
- → 불로 금속을 녹여 생활에 필요한 도구를 만들었다.

신석기 시대에는 불을 이용하여 토기도 만들었다. 토기는 흙과 물을 섞어 반죽하여 만든 그릇을 불에 구운 것이다. 신석기 시대 사람들은 물과 불에 강한 토기를 조리 기구로 사용하면서 구워 먹던 음식을 끓여 먹을 수도 있게 되었다.

청동기·철기 시대에는 불로 금속을 녹여 생활에 필요한 농기구나 칼을 만들어 사용하였다. 불을 이용하여 전문적으로 토기나 금속 도구를 만드는 사람도 생겨났다.

중세에는 불을 무기로 사용하였다. 중국에서 화약이 발명되자 화약을 이용한 무기가 발달하면서 불은 전쟁에서 중요한 자리를 차지하였다.

근대에 와서는 증기기관을 발명하여 불의 열에너지를 기계를 움

- ← 불을 이용하여 무기를 만들어 전쟁에 사용했다.
- → 증기 기관을 발명하여 불의 열에너지를 기계를 움직이는 힘으로 바꾸어 썼다.

직이는 힘으로 바꾸어 쓸 수 있게 되었다. 이 에너지로 발전기를 돌리면 전기까지 얻을 수 있다.

이제 우리는 불이 없는 생활을 상상조차 할 수 없다. 불이 생활 속에서 너무나 당연하게 쓰이고 있기 때문에 가끔은 불의 소중함을 잊기도 한다.

우리는 불을 마음대로 다스리고 이용할 수 있다고 생각한다. 그러나 산불과 같이 사람이 통제할 수 없는 큰불은 여전히 인간에게 두려운 것이기도 하다.

 불놀이 풍습

불은 인류의 손 안에 들어오면서 따뜻한 난로가 되고, 무기가 되고, 신앙이 되고, 놀이가 되기도 했다. 그중에서 불놀이 풍습은 세계 곳곳에서 여러 모습으로 발전했다. 불놀이를 통해 사람들은 불에 대한 두려움을 극복하고, 한편으로는 새로 시작하는 계절이 더욱 풍요롭기를 바랐을 것이다.

우리나라의 대표적인 불놀이 풍습으로는 쥐불놀이가 있다. 쥐불놀이는 농촌에서 정월 첫 쥐날(上子日)에 쥐를 몰아내기 위해 논둑과 밭둑에 불을 놓는 놀이이다. 이날은 마을마다 사람들이 밭두렁이나 논두렁에다 짚을 놓고 해가 지면 한꺼번에 불을 놓아 잡초를 태운다. 들판에 불을 놓으면 쥐를 쫓아낼 수 있고, 논밭의 해충을 없앨 수 있다. 또 그 태운 재가 거름이 되어 새싹이 잘 자랄 수 있다. 또한 쥐불놀이를 하면 1년 동안 병을 앓지 않고 나쁜 일을 당하지 않을 것이라고 믿었다.

불의 크기에 따라 그해의 풍년이나 흉년, 또는 그 마을의 좋은 일과 나쁜 일을 점치기도 했다. 불이 크게 일면 좋다 하여 불의 세기를 크게 하는 풍습도 있었다. 어린 아이들은 마른 쑥을 뭉쳐 방망이를 만든 다음 불을 붙여 빙빙 돌리고 놀았다.

우리나라뿐 아니라 다른 나라에서도 불놀이 풍습을 찾아볼 수 있다.

독일의 뤽데에서는 부활절에 불타는 수레바퀴를 굴리는 축제가 열린다. 떡갈나무로 커다란 수레바퀴를 만들어 바퀴 가운데에 불에 잘 타는 호밀짚을 가득 채우고는 언덕에서 불을 붙여 아래로 굴린다. 아래로 굴러가는 불붙은 수레는 마치 용이 움직이는 듯한 멋진 풍경을 펼쳐 낸다. 이 축제는 겨울을 보내고 따뜻한 계절이 빨리 오기를 기원하며 태양을 초대하는 의미가 있다.

에스파냐의 발렌시아에서는 매년 3월에 불꽃 축제가 열린다. 이 축제는 겨울을 보내고 봄맞이를 축하하기 위해 장작을 태우거나 허수아비를 태우는 것에서 시작되었는데, 낡은 것을 태워 버리고 새로운 것을 바라는 마음을 담고 있다. 요즘은 커다란 조형물을 만들어 전시했다가, 그것을 태우면서 축제를 연다.

● 요즘에는 쑥방망이 대신 구멍 뚫은 깡통에 불쏘시개를 넣어 돌리며 쥐불놀이를 한다.

피리

판은 너무 안타까워 갈대에 입을 맞추고 한숨을 크게 쉬었어.
그러자 갈대에서 소리가 나는 거야.
지금까지 들어 보지 못한 아름다운 소리였지.
판의 한숨이 갈대 구멍을 지나면서 아름다운 소리로 변한 거야.

갈대로 변한 시링크스

판(Pan)은 그리스 신화에 나오는 양치기들의 신이야. 윗몸은 인간의 모습인데, 온몸에 털이 부숭부숭하고, 허리 아래로는 영락없는 염소야. 게다가 이마에는 염소처럼 뿔이 돋았고, 엉덩이에는 꼬리가 달려 있어. 이렇게 흉측하게 생긴 판은 아름다운 여자를 보면 하루 종일 쫓아다녔대. 예쁜 여자를 무척 좋아했나 봐.

어느 날 판이 숲속에서 요정 시링크스와 딱 마주쳤어. 판은 시링크스를 보자마자 한눈에 홀딱 반했지.

"오! 아름다운 요정님, 나의 요정님!"
시링크스는 정말 아름다웠어. 그래서 숲에 사는 다른 요정들에게 많은 사랑을 받았지. 하지만 시링크스는 누구의 사랑도 받아들이려 하지 않았어. 특히 남자의 사랑 따위엔 전혀 관심이 없었지. 순결한 사냥의 여신 아르테미스를 숭배하여 산과 들에서 활을 쏘며 사냥하는 것만 좋아했거든.
"오, 나의 요정님! 제 사랑을 받아 주셔요!"

판이 시링크스를 껴안으려 하자 시링크스는 도망치기 시작했어.
"요정님, 도망가지 마세요. 오, 아름다운 나의 요정님!"
한참을 달리던 시링크스는 멈춰 서야 했단다. 넓은 강이 앞을 가로막고 있었거든. 판은 시링크스 바로 뒤까지 바싹 쫓아와서 손을 뻗었지. 시링크스의 옷자락을 잡으려고 한 거야.
"강의 요정님, 강의 요정님, 저를 도와주세요. 제발!"
시링크스는 강의 요정들에게 도와 달라고 간절히 빌었어. 그러자 강의 요정들이 시링크스를 갈대로 만들어 주었지 뭐야. 판은 시링크스의 옷자락 대신 갈대 한 줌을 움켜잡게 되었어.
"안 돼요. 나의 요정님, 가지 말아요."
판이 애타게 외쳤지만 이미 시링크스는 사라지고 갈대만 한들한들 흔들릴 뿐이었지. 판은 너무 안타까워 갈대에 입을 맞추고 한숨을 크게 쉬었어.

그러자 갈대에서 소리가 나는 거야. 지금까지 들어 보지 못한 아름다운 소리였지.

판의 한숨이 갈대 구멍을 지나면서 아름다운 소리로 변한 것야.

"요정님, 당신의 모습만큼이나 아름다운 소리를 내는군요. 언제나 당신과 함께할게요."

판은 시링크스를 생각하며 자꾸자꾸 갈대를 꺾어 불었어. 그러다 길이에 따라 소리가 다르다는 것을 알게 되었지.

"길이가 서로 다른 갈대를 묶어서 불면 어떤 소리가 날까?"

판은 갈대 여러 개를 길이가 다르게 꺾었어. 그러고는 차례차례 묶어서 불어 보았지.

높고 낮은 소리가 조화를 이루면서 시링크스만큼 맑고 고운 음악이 되었어. 판은 갈대 피리를 아주 소중하게 여겼어. 어디를 가든 꼭 가지고 다녔지.

그리고 판은 자기가 만든 악기를 요정의 이름을 따서 시링크스라 불렀단다.

이게 바로 우리가 팬파이프라 부르는 악기야.

"시링크스, 내 사랑 시링크스여!"

지금도 판은 시링크스를 불고 있을지 몰라.

같은 원리로 나오는 저마다 다른 소리

피리는 속이 빈 관에 구멍을 뚫고, 입으로 불어서 소리를 내는 악기를 통틀어 일컫는 말이다. 봄에 물오른 버드나무 가지를 꺾어서 부는 버들피리부터 플루트, 리코더, 팬파이프, 백파이프 등 여러 종류가 있다.

피리를 누가 만들어 언제부터 불기 시작했는지 정확한 기록은 없다. 동물의 뼈로 만든 깨진 피리 조각이 네안데르탈인의 유적지에서 나온 것을 보면 아주 오래 전부터 피리를 불었음을 알 수 있다. 신화에서 '판'이 갈대를 엮어 만든 피리는 요즘 팬파이프라 불리는 악기의 원리를 보여 준다. 팬파이프는 길고 짧은 여러 개의 관을 길이 순서대로 늘어놓고 묶어서 만든 악기로, 세계 여러 나라에서 비슷한 모양을 찾아볼 수 있다.

팬파이프와 비슷한 우리나라 악기로 생황과 소가 있다. 생황은 박통 속에 가느다란 대나무 관을 둥글게 꽂고, 박통 옆에 입김을 불어 넣는 구멍을 단 것이다. 소는 16개의 관을 나무틀에 꽂고 관의 끝을 막은 것이다. 관의 길이는 양쪽 끝이 가장 길고 가운데로 갈

- ← 남미 지역의 피리.
- → 팬파이프의 한 가지인 페루 악기.

수록 짧아지는데 음 높이에 맞는 관을 찾아 분다. 백제의 금동향로에는 악사 다섯 사람이 조각되어 있다. 그중 한 악사가 연주하는 악기가 '배소'인데 팬파이프와 비슷하게 생겼다.

피리는 지역에 따라 생김새와 음색이 조금씩 다르긴 하지만, 길고 가는 관을 통해 입술로 불어 넣은 공기가 흔들려 움직이면서 소리

- ← 종묘 제례악(조선 시대에 종묘에서 역대 왕의 제사 때 쓰던 음악) 대금 연주 장면.
- → 팬파이프와 비슷한 우리나라 악기 소.

를 내는 원리는 같다. 소리는 관의 길이와 굵기에 따라 다르게 나는데, 이는 공기의 진동이 달라지기 때문이다. 관이 길수록 낮은 소리가 나고 관이 짧을수록 높은 소리가 난다. 또한 구멍을 많이 막을수록 소리가 낮아진다.

우리나라의 피리는 중앙아시아에서 전해진 것이라고 한다. 우리나라에서 피리를 언제부터 사용하였는지는 정확히 알 수 없지만, 함경북도 옹기군 서포항에서 새의 다리뼈로 만든 피리가 출토된 것으로 보아 고조선 시대부터일 것으로 추측한다.

피리는 하늘에 제사를 지내는 것과 같은 종교 의식에 사용하였으며, 매우 신성하게 여겼다고 한다.

『삼국유사』와 『삼국사기』에는 신라 시대에 있었다는 전설 속의 피리 '만파식적' 이야기가 나온다. 신문왕은 아버지 문무왕이 세상을 떠나자 유언에 따라 동해 바다 바위섬에 장례를 지냈는데, 그 섬에 있는 대나무 한 그루가 낮에는 둘이 되고 밤에는 하나로 합쳐졌다. 신문왕이 이 말을 듣고 이상하게 여겨 섬으로 가 보았더니, 갑자기 용이 내려와 말했다.

"여기 있는 대나무로 악기를 만들어 불면 나라가 평화로워질 것입니다."

신문왕은 그 대나무로 피리를 만들었는데 그 피리를 불면 나라의 모든 근심 걱정이 사라졌다. 쳐들어오던 적군이 스스로 물러가고, 아픈 사람은 저절로 나았으며, 가뭄에 단비가 내렸고, 풍랑이 일다가도 파도가 잔잔해졌다고 한다. 그래서 만 가지 걱정이나 근

심을 덮애는 피리란 뜻으로 '만파식적(萬波息笛)'이라 이름 지은 것이다.

피리는 우리나라에서 삼국 시대, 고려 시대, 조선 시대를 거치면서 없어서는 안 될 중요한 악기로 자리 잡았는데, 단소, 대금을 비롯해 여러 가지 피리가 전해진다.

아름다운 요정 시링크스와 양치기 신 판의 슬픈 사랑 이야기처럼 피리는 구슬프면서 맑고 고운 소리가 난다. 이런 피리 소리를 듣고 있으면 사람의 마음이 저절로 평화로워져서 만파식적 같은 전설 속의 피리 이야기가 나온 게 아닐까?

풀피리를 부는 것도 문화재가 될 수 있을까?

세계 곳곳에 여러 종류의 피리가 있지만 우리나라에는 자연을 이용해서 아름다운 소리를 낼 수 있는 독특한 피리가 있다. 바로 나뭇잎이나 풀잎, 나무껍질을 살짝 접어서 부는 풀피리이다. 잎이 넓으면 피리로 불 수 있는데, 얇고 야들야들한 잎에서는 가늘고 날카로운 소리가 나고, 두껍고 투박한 잎에서는 힘찬 소리가 난다. 동백이나 유자같이 거친 바람과 눈보라를 이겨 낸 겨울 잎들이 더 깊이 있는 소리를 낸다. 풀피리 소리는 구슬프면서도 맑아 새 소리, 풀벌레 소리, 바람 소리, 물 흐르는 소리 등 자연의 소리와 어울릴 때 더욱 아름답다.

언제부터 풀피리를 불었는지 정확하게 알 수 없다. 하지만 조선 성종 때 만들어진 음악 이론서 『악학궤범』에 풀피리에 대한 기록이 있는 것을 보면 옛날에는 악기의 한 가지로 중요하게 여겼음을 알 수 있다. 『악학궤범』에 따르면 잎사귀를 입에 물고 휘파람을 부는데 그 소리가 맑게 울리며, 가만히 또는 세게 불어서 높고 낮은 음을 만들고 이 사이로 혀끝을 움직여 곡을 맞추며 따로 선생님의 가르침이 필요없다고 한다.

우리 민족은 흥을 아는 민족으로, 힘든 농사일을 하면서도 노래를 불러 고달픔을 잊었고, 풀잎 한 장 뜯어 가락을 즐기는 여유가 있었다. 요즘처럼 학원에서 배워 특별한 곳에서만 악기를 연주한 것이 아니라 자연스럽게 음악을 즐긴 것이다.

하지만 시간이 흐르면서 풀피리는 차츰 잊혀져 갔고 이제는 불 줄 아는 사람도 거의 없다.

이런 풀피리를 입술이 터지고 굳은살이 박이도록 불어 댄 사람이 있으니 바로 박찬범이다. 아버지가 부는 풀피리 소리에 반해 여덟 살 때부터 따라 불기 시작해 평생을 풀피리 불기에 매달렸다. 처음에는 마을 잔치나 구청 문화 축제에서 연주를 했는데 실력이 알려지면서 1997년 세계 피리 축제에 한국 대표로 나갔고 직접 작곡한 곡으로 독주회도 열었다. 2000년에는 풀피리를 잘 부는 사람으로 서울시 무형문화재가 되었다.

우리 조상들이 즐겨 불었던 풀피리, 특별한 사람만 불 수 있는 것이 아니라 누구나 생활 속에서 즐길 수 있는 악기가 되면 좋겠다. 풀피리를 불어 보면, 고달프게 살면서도 풀잎 한 장으로 마음의 여유를 찾고자 했던 옛날 사람들을 마음을 느낄 수 있지 않을까?

● 풀피리 연주자 김기종의 연주 모습.

반지

제우스는 어떻게 그 맹세를 지킬까 궁리궁리하다가
헤파이스토스한테 작은 고리를 하나 만들라고 했어.
헤파이스토스는 뜨거운 불에 쇠를 녹여서 고리를 만들어 제우스에게 바쳤지.
제우스는 그 고리에 코카서스 산에서 주워 온 돌조각을 박아 넣고
프로메테우스의 손가락에 끼웠단다.

바위산에 영원히 묶인
프로메테우스

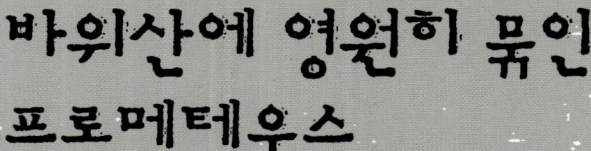

프로메테우스는 올림포스 신들보다 먼저 세계를 다스렸던 티탄족이야. 그런데 올림포스의 최고신 제우스가 티탄족과 전쟁을 벌여 승리를 했지. 그 뒤로 올림포스 신들이 세계를 다스리게 되었단다.

프로메테우스란 '미리 아는 자'라는 뜻이야. 프로메테우스는 진흙을 가지고 인간을 만들었어. 그리고 자기가 만든 인간을 위해 제우스의 벼락에서 불씨를 훔쳐 내어 인간들에게 가져다주었어. 그때는 신들의 세계에만 불이 있었거든.

제우스는 이 사실을 알고 불같이 화를 냈지.

"프로메테우스를 코카서스 산의 바위에 묶고 영원히 풀어 주지 않을 것이다!"

제우스는 저승을 일곱 바퀴 돌아 흐르는 스틱스 강에 대고 맹세를 했어. 스틱스 강에 한 맹세는 신들의 왕이라도 꼭 지켜야 했어.

결국 프로메테우스는 대장장이 헤파이스토스가 만든 쇠사슬에 묶여 있어야 했지. 제우스는 그래도 화가 덜 풀렸는지 아침마다 독수리를 보내 프로메테우스의 간을 쪼아 먹게 했단다. 쪼아 먹힌 간은 밤사이에 새로 생겨났어. 프로메테우스는 날마다 간을 쪼이는 고통을 겪어야 했지.

그렇게 3년이 지난 어느 날 아침 제우스의 아들 헤라클레스가 바위산을 지나

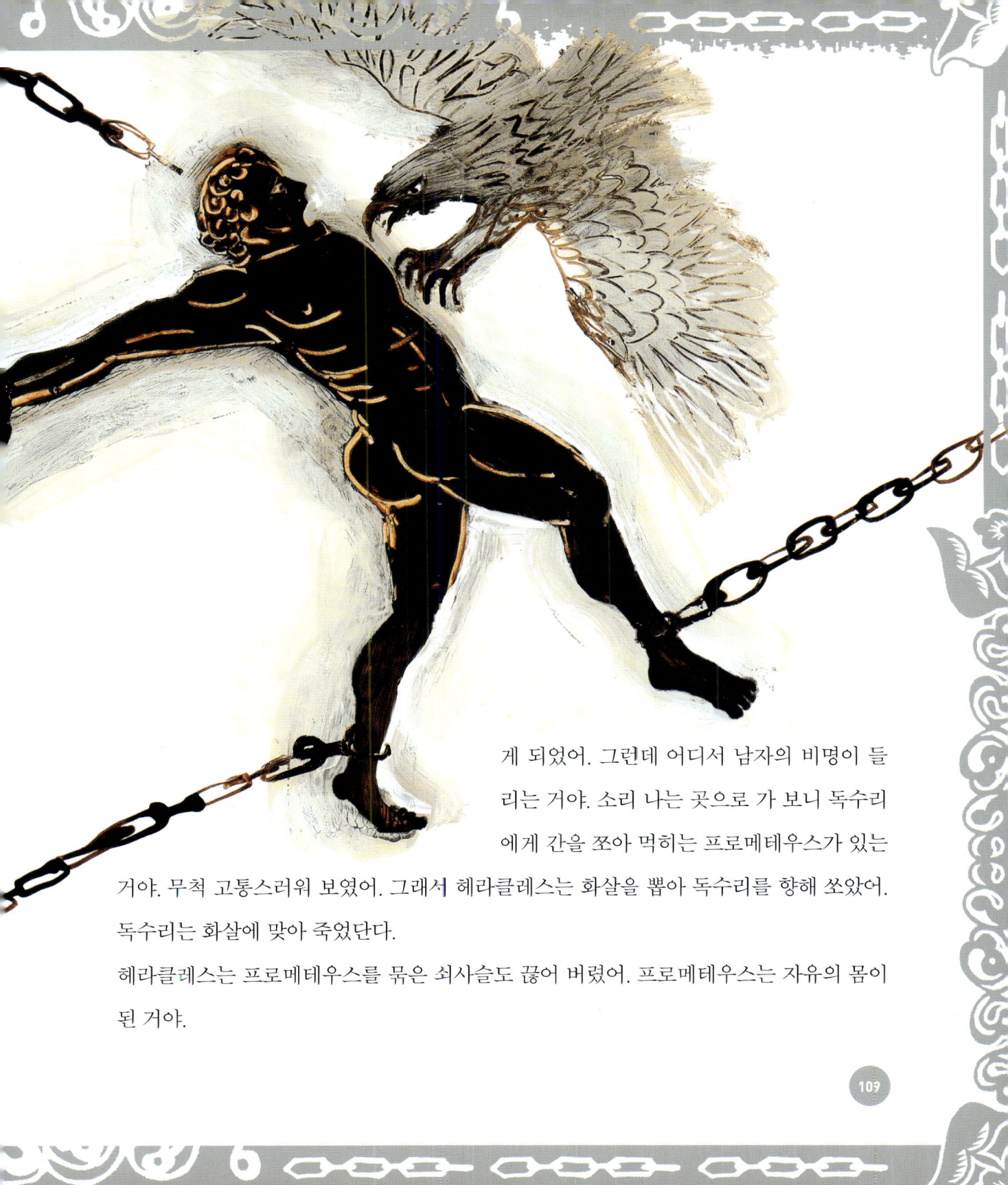

게 되었어. 그런데 어디서 남자의 비명이 들리는 거야. 소리 나는 곳으로 가 보니 독수리에게 간을 쪼아 먹히는 프로메테우스가 있는 거야. 무척 고통스러워 보였어. 그래서 헤라클레스는 화살을 뽑아 독수리를 향해 쏘았어. 독수리는 화살에 맞아 죽었단다.

헤라클레스는 프로메테우스를 묶은 쇠사슬도 끊어 버렸어. 프로메테우스는 자유의 몸이 된 거야.

그런데 헤라클레스는 죽은 독수리를 보자 덜컥 겁이 났지 뭐야. 아버지 제우스가 아끼는 새였거든. 헤라클레스는 하늘을 향해 소리치며 용서를 빌었지.

"아버지, 제발 용서해 주세요!"

그러자 제우스가 한 가지 조건을 내놓았어.

"내 운명에 관한 비밀을 알려 주면 용서해 주겠다!"

제우스의 운명에 관한 비밀은 프로메테우스가 알고 있었거든. 프로메테우스는 그 이름처럼 미래를 내다볼 수 있으니까. 프로메테우스는 제우스에게 그 비밀을 가르쳐 주었어. 자기를 도와준 헤라클레스를 위해서 말이야.

그 비밀이 뭐냐면, 여신 테티스의 아들이 그 아버지보다 위대해진다는 거야. 테티스는 바다 신의 딸들 중에서 가장 아름다운 여신이지. 미녀를 좋아하는 제우스는 물론 테티스를 탐냈지. 그러나 그 소리를 듣고는 테티스를 멀리했어. 만약 테티스와 사랑을 나누고 아들을 얻으면 그 아들이 신들의 왕인 자기 자리를 빼앗을 것 같았거든.

그런데 제우스는 이미 프로메테우스를 영원히 풀어 주지 않겠다고 스틱스 강에 맹세했잖아. 제우스는 어떻게 그 맹세를 지킬까 궁리궁리하다가, 헤파이스토스한테 작은 고리를 하나 만들라고 했어. 헤파이스토스는 뜨거운 불에 쇠를 녹여서 고리를 만들어 제우스에게 바쳤지.

제우스는 그 고리에 코카서스 산에서 주워 온 돌조각을 박아 넣고 프로메테우스의 손가락에 끼웠단다.

"코카서스 산에서 풀어 주는 대신 이 고리를 영원히 끼고 살아라!"

프로메테우스는 코카서스 산에서 풀려난 대신 그 산에 있던 돌조각을 박은 고리를 영원히 끼고 살았단다. 이렇게 해서 영원히 코카서스 산에 묶어 놓겠다던 제우스의 맹세는 지켜진 거야.

이것이 바로 최초의 반지란다.

시작도 끝도 없는 영원

사람들은 예쁘게 보이기 위해, 또 개성을 표현하기 위해 귀걸이, 팔찌, 반지, 목걸이 같은 장신구를 한다. 하지만 제우스가 바위산에 묶어 놓는 대신 프로메테우스에게 반지를 끼워 준 것처럼 장신구 착용은 단지 몸을 치장하기 위해서만은 아니다.

사람들은 옛날부터 반지를 통해 사랑을 약속하거나 충성을 맹세하기도 하고, 자신의 신분이나 권력을 나타내기도 했다. 또한 무언가를 기념하기 위해 반지를 주고받기도 한다.

반지는 고대 이집트 시대부터 끼기 시작했다고 한다. 고대 이집트 사람들은 반지의 둥근 고리 모양이 시작도 끝도 없는 영원을 나타낸다고 믿었다. 약혼반지나 결혼반지는 고대 로마에서 시작되었는데, 신부를 데려오는 값을 치렀다는 표시로 신부 아버지에게 반지를 전달했다고 한다. 결혼반지도 '다른 이성을 사랑하지 않겠다'는 약속이면서 '당신은 내 사람이다'라는 구속의 의미가 담겨 있다. 이런 관습이 시간이 흐르고 의미가 바뀌면서 사랑을 맹세하는 지금의 약혼반지, 결혼반지로 이어진 것이다.

반지는 시대나 지역에 따라 모양이나 쓰임새가 다양하다. 봉인(봉투나 문을 열지 못하게 꼭 닫고 도장을 찍는 일)할 때나 계약할 때 사용하는 인장(도장)을 반지에 붙인 인장 반지도 있었다. 귀중품인 인장을 늘 몸에 지닐 수 있게 한 것이다. 고대 이집트에서 인장 반지는 통치자의 권위를 나타내기도 하였다. 인장 반지는 유럽에서 오랫동안 사용되었는데, 글을 모르는 사람들도 갖고 다니며 쉽게 인장을 찍을 수 있었기 때문이다.

어떤 일을 기념하기 위해 만든 기념 반지도 있다. 백일이나 돌 반지처럼 탄생과 관련된 반지도 있지만 죽음과 관계된 반지도 있다. 반지에 해골 모양을 새긴 해골 반지는 죽은 사람을 잊지 말라는 뜻으로 장례식을 치른 뒤에 사람들

● **동물 모양 장식이 있는 금반지.**

● ← **고대 이탈리아의 결혼반지.**
● → **6세기~7세기 초에 사용한 인장 반지.**

에게 나누어 주었다.

청동기 유적지에서 청동 반지와 은반지가 발견되어 우리나라도 선사 시대부터 반지를 낀 것으로 알려졌다.

삼국 시대에는 금, 은, 청동으로 반지를 만들었는데 장신구를 만드는 기술이 뛰어났던 신라 시대에는 화려하고 정교한 반지가 많이 만들어졌다.

조선 시대에 반지와 가락지는 노리개와 더불어 가장 일반적인 장신구였다. 가락지는 결혼한 여인들이 많이 끼는 것으로 두 개가 한 쌍으로 되어 있다. 가락지는 금, 은, 구리, 옥, 비취 등 여러 재료로 만들었으며, 계절에 따라 종류를 바꾸어서 끼기도 하였다.

요즘에도 반지는 여러 장신구 중에서 많은 사랑을 받는다. 반지의 재료나 종류, 디자인도 무척 다양해졌고 자신만의 개성을 드러내기 위해 직접 만들어 끼는 사람들도 늘어나고 있다.

● 옥으로 만든 가락지(조선 시대).

● 금으로 만든 반지(신라 시대).

● 은 쌍가락지(조선 시대).

● 칠보 장식이 있는 은 쌍가락지(조선 시대).

 무덤을 나온 신라 황금

반지를 비롯해 몸을 치장하는 장신구들은 시대에 따라서 그 모습이 다르다. 장신구들을 살펴보면 그 시대 사람들의 생각을 엿볼 수 있다.

우리 역사에서 신라 시대에는 어느 시대보다도 장신구가 발달했다. 왕이나 귀족의 무덤에서 나온 장신구들을 보면 거의 순금으로 만들어졌으며 화려하고 만드는 솜씨도 매우 뛰어나다.

신라 시대 무덤에서 반지, 귀걸이, 목걸이, 팔찌 등 다양한 장신구가 나왔는데 그중에서도 금관이 돋보인다. 둥근 테 위에 나뭇가지와 사슴뿔 모양으로 장식하고, 비취색의 곱은옥이 주렁주렁 달려 있다. 곱은옥은 옥을 반달 모양으로 다듬어 끈에 꿴 것을 말한다.

신라 사람들은 왜 이런 모양의 장식을 하였을까? 시베리아 지역의 유목민의 무덤에서 나온 관에도 나무와 사슴뿔로 장식되어 있는 것을 보아 시베리아에서 전해진 것으로 추측하고 있다. 시베리아 사람들은 자작나무가 하늘로 오르는 사다리라고 생각하여 신성하게 여겼고 사슴은 하늘의 뜻을 인간에게 알려 주는 역할을 하는 하늘 동물이라고 믿었다.

신라 고분에서 출토된 관식(금관의 장식)은 새 날개 모양이다. 이 또한 시베리아에서 전해진 것으로 보고 있는데, 시베리아 사람들은 새가 죽은 사람의 영혼을 하늘로 데려다 준다고 믿어 새를 숭배하였다. 또한 허리띠와 띠드리개를 보면 물고기, 칼, 곱은옥 등 여러 가지 물건이 달려 있다. 허리띠와 띠드리개를 하는 것은 유목민들의 풍속이었다. 돌아다니며 생활하는

유목민들은 생활에 필요한 칼이나 숫돌, 부싯돌 등을 허리에 차고 다녔다. 이것이 중국에 전해지면서 일상생활에 필요한 것들을 꼬리 장식에 달게 되었다. 윗사람에게 필요할 때 바로 갖다 드리려는 효 사상이 담긴 것이다. 허리띠와 띠드리개는 시대나 지역에 따라 모양이 다르고 달린 물건도 조금씩 다른데, 신라 시대에는 화려한 장식품으로 바뀌었다. 그렇다고 효 사상이 사라진 것은 아니다. 신라 왕은 하늘의 아들로, 하늘에 효를 다하기 위해 허리띠와 띠드리개를 착용하였다고 한다.

- ↑ 황남대총에서 나온 허리띠와 띠드리개.
- → 황남대총에서 나온 금관.

북

저파룡이 글쎄, 상제의 궁전에 벌렁 드러누워서
딱딱한 꼬리로 허연 배를 퉁 내리쳤어.
어! 그런데 소리가 나네. 맑고 힘찬 소리였어.
저파룡이 상제 전욱을 슬쩍 쳐다보니 웃고 있네.
저파룡은 '이제 살았구나.' 하고 마구 배를 두드렸지.

살기 위해
배를 두드린 저파룡

옛날 중국에 전욱(顓頊)이 살았어. 전욱은 북쪽을 다스리는 신으로, 성격이 아주 괴팍했지만 음악을 아주 좋아했어. 어떻게 음악을 좋아하게 되었는지 알려 줄까?

전욱이 아주 어렸을 때 일이야. 어느 날 전욱이 새들의 나라에 가게 되었지. 새들의 나라에 들어서자마자 전욱은 숨이 멎는 것 같았어. 온갖 새들의 소리를 들었거든. 태어나서 그렇게 아름다운 소리는 처음이었지. 높은 소리, 낮은 소리, 맑은 소리, 탁한 소리, 날카로운 소리, 부드러운 소리 등 갖가지 소리를 다 들었어. 특히 봉황의 소리는 말로 표현할 수 없을 만큼 묘하면서 아름다웠어. 사람의 혼을 움직이는 소리였거든.

전욱은 어릴 적부터 거문고를 가지고 줄을 팅기며 놀았어. 전욱은 줄 하나하나의 소리가 다르다는 걸 알고 서로 다른 소리들이 잘 어울리도록 애썼어. 그러니 자연히 거문고 연주 솜씨도 좋을 수밖에. 어린 전욱이 거문고를 연주하면 듣고 있던 사람들이 모두 큰 감동을 받았단다.

전욱이 하늘나라의 왕인 상제 자리에 올랐을 땐 자연의 모든 소리를 음악으로 생각했어. 불어오는 바람 소리도 악기를 연주하는 소리 같다고 생각했지.

하루는 전욱이 하늘을 날아다니는 비룡들을 불렀어.

"바람 소리 같은 노래를 지어 보아라!"

비룡들은 상제 전욱의 명령에 따라 노래를 지었지. 비룡들이 지은 노래는 무척 아름다웠어. 부드럽다가 강하고, 날카롭다가 은은하고…….

상제 전욱은 비룡들의 노래를 듣다가 저파룡(猪婆龍)을 불렀어.

저파룡은 입이 작은 악어처럼 생긴 동물인데, 몸길이는 한두 길쯤 되고, 네 개의 다리가 있고, 등과 꼬리는 딱딱한 비늘로 덮여 있다고 해. 또 저파룡은 아주 게을러서 잠자는 것만 좋아하고 누가 건드리기라도 하면 버럭 화를 내었지.

"저파룡아, 네가 잘하는 음악을 들려 다오!"

에구, 큰일 났다! 저파룡은 음악에 대해 아는 것이 하나도 없었거든. 하지만 상제의 명령을 듣지 않을 수 없었어. 만약 "저는 음악을 하나도 모르옵니다!"라고 말했다간 당장 목이 달아날 테니까.

'에라 모르겠다!'

저파룡이 글쎄, 상제의 궁전에 벌렁 드러누워서 딱딱한 꼬리로 허연 배를 퉁 내리쳤어. 어! 그런데 소리가 나네.

"동~"

맑고 힘찬 소리였어. 저파룡이 상제 전욱을 슬쩍 쳐다보니 웃고 있네. 저파룡은 '이제 살았구나.' 하고 마구 배를 두드렸지.

"동 동 동 동 동……."

"참으로 맑고 힘찬 소리로다!"

상제 전욱은 저파룡이 내는 소리가 무척 마음에 들었어. 그래서 저파룡을 하늘나라의 악사로 임명하였지.

참 우습지? 음악에 대해 하나도 모르는 저파룡이 자기 배를 몇 번 두드리고 하늘나라의 악사가 되다니 말야.

아무튼 그 뒤로 저파룡은 날마다 상제 앞에서 배를 두드려야만 했지.

그런데 이 얘기가 온 나라에 퍼진 거야. 저파룡의 뱃가죽을 두드리면 아름다운 소리가 난다고 말이야. 그러니까 사람들도 그 소리를 들으려고 저파룡을 잡기 시작했어. 사람들은 저파룡을 잡아다가 껍질을 벗겼지. 그리고는 나무를 깎아서 둥글게 통을 만들고 통의 양쪽에 저파룡의 껍질을 붙여 두드려 댔단다.

"동 동 동······."

"야! 정말 아름다운 소리인걸. 이렇게 힘차고 아름다울 수가!"

이렇게 만들어진 것이 바로 북이란다.

그 뒤로 북은 여러 곳에 쓰였어. 전쟁을 할 때는 북소리에 맞춰 싸움을 하고, 제사를 지낼 때도 북소리에 맞춰 절을 하고, 사냥을 할 때도 북소리에 맞춰 말을 달렸지. 물론 놀이를 할 때도 북소리에 맞춰 놀았단다.

가슴을 울리는 소리

북은 나무나 쇠로 만든 둥근 통에 가죽을 팽팽하게 씌운 뒤 가죽 부분을 쳐서 소리를 내는 악기이다. 생김새가 단순하고 연주 방법도 어렵지 않기 때문에 악기 가운데 가장 먼저 생겨났으며, 세계 여러 지역에서 두루 볼 수 있다. 정확한 기록은 없지만 구석기 시대에 속이 빈 나무를 두드리는 것에서 북이 시작되었을 것으로 추측하고 있다.

옛날에는 음악을 연주할 때뿐 아니라 적이나 동물을 위협하여 물리치기 위해서도 북을 쳤다. 가뭄이 오래 계속되면 북을 두드리며 비를 내려 달라고 빌기도 했고, 여러 가지 신호를 보내는 데도 북소리를 이용했다.

조선 시대 태종 임금 때 만들어진 신문고는 북의 또 다른 기능을 보여 준다. 신문고는 궁궐 문 위 다락집에 설치하였는데, 백성들이 억울한 일이 있을 때 이 북을 치면 임금이 그 사연을 듣고 해결해 주었다.

북은 일반적으로 소, 양 등 동물 가죽으로 만들지만 지역에 따라

● 음악을 연주할 때뿐 아니라 적이나 동물을 위협하여 물리칠 때, 하늘에 제사를 지낼 때도 북을 쳤다.

독특한 재료를 쓰기도 한다. 태평양의 하와이 제도에서는 물고기 껍질로 만들고, 미크로네시아에서는 상어의 위로, 뉴기니에서는 도마뱀 가죽으로 만들기도 한다. 재료뿐 아니라 크기와 생김새도 지역에 따라 다르다.

모양이 비슷하고 연주 방법이 단순해 북소리가 모두 다 똑같을 것 같지만 재료나 크기, 두드리는 곳에 따라서 다른 소리가 난다. 가운데를 두드리면 둔한 소리가 나고, 바깥쪽을 두드리면 날카로운 소리가 난다. 북으로 소리의 높고 낮음을 표현하기는 어렵지만, 박자를 맞추고 흥을 돋우는 데는 북이 안성맞춤이다. 우리나라에서도 옛날부터 북을 널리 사용했는데 고구려 때는 세운북, 매단북, 메는북, 거는북 등이 있었고, 기악 합주단의 한 가지인 고취악대에서 북은 중요한 구성 요소였다. 고려 시대에는 궁중 행사 음악인 당악이나 아악에 사용하

● 북은 재료와 생김새가 다양하다.

● ← 국경일을 기념하며 전통 북을 연주한다(말레이시아).
● → 축제 때 북을 연주하여 흥을 돋운다(스위스).

기 위해 여러 종류의 북이 만들어졌다.

조선 시대에는 민간 음악이 발달하면서 궁중 음악뿐 아니라 판소리나 풍물놀이 같은 민간 음악에도 널리 쓰였다.

고려나 조선 시대에 사용한 대표적인 북으로는 교방고, 진고, 절고, 삭고, 용고, 좌고 등이 있었다.

쿵! 쾅! 쿵! 쾅! 북소리는 사람의 심장 소리와 비슷하다. 그래서인지 북소리를 일컬어 심장을 울리는 소리라고 한다. 단순하게 생겼지만, 깊은 울림으로 인간의 마음을 사로잡는 북이기에 음악의 신 전욱마저 반했던 것이 아닐까?

● 노래나 관현악 합주의 시작을 알릴 때 쓰는 삭고.

● ← 절에서 예불할 때 치는 법고.
● → 민속춤의 한 가지인 날뫼북춤.

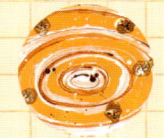 혼의 소리 사물놀이

"징집징~ 징집징~~" 징 소리, "덩따쿵덩따쿵덩따" 장구 소리, "둥두둥둥두둥둥" 북 소리, "깽개깽깽개깽깽개" 꽹과리 소리. 국악을 잘 모르더라도 '사물놀이'라는 말은 한 번쯤 들어봤을 것이다. 사물놀이는 네 사람이 북, 징, 꽹과리, 장구를 가지고 어우러져 치는 놀이를 말한다. 우리의 대표적인 전통 음악으로 생각하지만 사실 사물놀이는 시작된 지 그리 오래되지 않았다.

사물놀이는 풍물놀이의 전통을 이어 가려는 데에서 나왔다. 풍물놀이는 농경 생활과 함께 발달했는데, 꽹과리·장구·북·징·소고·태평소·나발을 불거나 치면서 노래하고 춤추며 때로는 곡예까지 곁들이는 놀이다. 신을 부르고 잡귀를 몰아내는 것으로 사람의 기운을 북돋아 주었으며, 노래와 춤을 통해 슬픔과 고됨을 달래 주었다.

그러나 일제 시대와 6·25전쟁을 겪으면서 사람들의 생활이 크게 바뀌자 풍물놀이는 차츰 잊혀져 갔다. 이를 안타깝게 여긴 사람들이 풍물놀이를 다시 오늘날의 음악으로 창조하였다. 1978년 실내 공연에서 풍물놀이 악기 중 중심이 되는 북, 장구, 꽹과리, 징을 가지고 장단의 신명과 아름다움을 되살려 냈던 것이다. 이것이 사물놀이의 시작이다.

작지만 맺고 푸는 맛이 뚜렷한 꽹과리가 지휘를 맡고, 장구는 화려한 장단으로 신명을 자아낸다. 또한 북은 박자를 연주하며, 징은 장단의 전체를 웅장한 울림과 긴 여운으로 감싼다. 천둥소리를 닮은 꽹과리, 바람 소리를 닮은 징, 빗소리를 닮은 장구, 구름을 닮은 북, 이 네 악기의 소리가 서로 엉켰다 풀렸다 하며 개성을 살리면서도 절묘하게 조화를 이루는 사물놀이는 생동감이 강하기 때문에 듣고 있으면 절로 흥겨워진다.

사물놀이는 이제 세계적으로 널리 알려졌다. 사물놀이패가 우리나라 사람들뿐 아니라 온 세계 사람들의 마음을 열어 주고 신명을 돋우어 주는 역할을 했으면 좋겠다.

● 사물놀이 모습. 왼쪽부터 차례로 징, 꽹과리, 장구, 북.

도움 받은 책

『그리스 로마 신화 사이언스』 이정모 지음, 휘슬러 2004
『김선자의 중국신화 이야기』 김선자, 아카넷 2004
『김성희의 주얼리 시간여행』 김성희 지음, 생각의나무 2002
『더 높이 더 빨리』 조현권 글, 이현주 그림, 돌베개어린이 2003
『목숨을 건 도전 비행』 돈 벌리너 지음, 장석봉 옮김, 지호 2002
『문명의 씨앗, 음식의 역사』 찰스 B. 헤이저 2세 지음, 장동현 옮김, 가람기획 2000
『문자의 역사』 조르주 장 지음, 이종인 옮김, 시공사 1996
『문자 이야기』 앤드류 로빈슨 지음, 박재욱 옮김, 사계절 2003
『반지의 문화사』 다카시 하마모토 지음, 김지은 옮김, 에디터 2002
『발명의 역사』 G. I. 브라운 지음, 이충호 옮김, 세종서적 2000
『비거』 고원태 지음, 중앙생활사 2001
『산해경』 최형주 옮김, 자유문고 2004
『선사시대』 소니아 골디 글, 안네 바이스·파스칼 에스테용 그림, 최윤정 옮김, 계림북스쿨 2001
『세계를 바꾼 20가지 공학기술』 이인식 외, 생각의나무 2004
『세계의 종교 이야기』 폴발타 외 지음, 윤정임 옮김, 미래M&B 1999
『신토불이 우리 문화유산』 이종호 지음, 한문화 2003
『신화에서 첨단까지1·2』 허두영 지음, 참미디어 1998
『옷감짜기』 김경옥 지음, 정진희 외 그림, 보림 1996
『우리 옛 악기』 장사훈 지음, 대원사 1990
『유럽의 축제 문화』 유정아 외 8인, 연세대출판부 2003
『이야기 과학사』 박성래 지음, 보성출판사 2003
『이야기 동양신화 1·2』 정재서 지음, 황금부엉이 2004
『이윤기 그리스로마신화 1·2·3』 이윤기 지음, 웅진닷컴 2000~2004
『인류 100대 과학사건』 장수하늘소, 웅진닷컴 2005
『장신구의 세계』 최준자, 예경 1992
『전통옷감』 민길자 지음, 대원사 1997
『중국신화전설 1·2』 위엔커 지음, 김선자·전인초 지음, 민음사 1999
『중학교 국어 1학년』 국정도서편찬위원회, 교육인적자원부 2005
『클라시커 50 – 발명』 베른트 슈 지음, 이온화 옮김, 해냄 2004
『클라시커 50 – 신화』 게롤트 돔머무트 구드리히 지음, 안성찬 옮김, 해냄 2001
『한국생활사박물관1 선사생활관』 한국생활사박물관 편찬위원회 지음, 사계절 2000
『한국생활사박물관2 고조선생활관』 한국생활사박물관 편찬위원회 지음, 사계절 2002
『한국생활사박물관3 고구려생활관』 한국생활사박물관 편찬위원회 지음, 사계절 2001
『한국생활사박물관5 신라생활관』 한국생활사박물관 편찬위원회 지음, 사계절 2001
『한국의 전통악기』 손태룡 지음, 영남대출판부 2003
『황금의 나라 신라』 이한상 지음, 김영사 2004

사진 제공

23쪽　공군박물관
67쪽　농촌진흥청
77쪽　국립민속박물관
79쪽　타임스페이스
93쪽　Topic
101쪽　이미지클릭(남미 피리)
　　　타임스페이스(팬파이프, 대금)
　　　EnCyber.com(소)
105쪽　김기종
114쪽　Topic
115쪽　국립중앙박물관(금반지)
　　　숙명여대박물관(은 쌍가락지, 칠보 은 쌍가락지)
　　　대구대박물관(옥 가락지)
117쪽　국립경주박물관
128쪽　Topic
129쪽　국립국악원(삭고)
　　　Topic(법고)
　　　타임스페이스(날뫼북춤)
131쪽　Topic

글쓴이 유다정

1964년 충남 예산에서 태어나 국문학을 공부하였고 어린이책 작가교실 1기를 수료하였습니다. 2002년 동화「보리밭의 종다리」로 계간『아동문학연구』문학상을 받았으며, 지은 책으로『곰돌이 공』『팥죽할미와 호랑이』등이 있습니다. 그림책 글과 논픽션 글을 쓰면서 재미와 지식을 함께 담으려고 노력하고 있습니다.

그린이 오승민

1974년 전남 영암에서 태어나 세종대에서 동양화를 공부하고 한겨레 일러스트레이션 그림책 과정을 수료했습니다.『꼭꼭 숨어라』로 2005년 '국제 노마 콩쿠르 그림책 일러스트레이션 상'을 받았고, 그린 책으로『바람 속으로 떠난 여행』『못생긴 아기 오리』『사진관 옆 이발관』『벽이』『리프카의 편지』등이 있습니다.